# 祈り

inori

## 北朝鮮・拉致の真相

復刻版

新潟日報社特別取材班

新潟日報事業社

〈おことわり〉

　本書は2004（平成16）年10月に講談社から発行された同名書籍を復刻したものです。

　登場人物の名前の読み方や肩書、住所表記などは発行当時のまま掲載しています。あらかじめご了承ください。

# 復刻にあたって

大切にしている一通の手紙がある。２００４年度の日本新聞協会賞を受賞した新潟日報の通年企画連載「拉致・北朝鮮」取材班への若い女性読者からの励ましの便りだ。

「特集によってどれ程の人が改めて事件を振り返った事か。知られざる家族の苦悩、拉致被害者の計り知れない絶望感。同じ新潟に住みながら、恥ずかしくも初めて知る事ばかりでした。家族の思いを伝え続けて下さい」

最後の言葉に身が引き締まる思いだった。「持てる時間の全てをこの連載に注ぎ込んでおられる記者の方々。真実を伝える事に生き甲斐を持って取材されている方々の記事を全国の人に教えてあげたい」

当時の取材班代表として、あの時の熱い思いは今も変わらない。連載終了後も本社は、新潟市で拉致された横田めぐみさん（当時中学1年生）の母・早紀江さんの揮毫《きごう》「祈り」をワッペンに使ったシリーズを随時掲載、拉致された悪夢の「11月15日」には毎年、横田夫妻を招き、風化させない「忘れるな拉致　県民集会」を続けてきた。しかし、連載から14年が過ぎても、進展しない拉致問題の現状に忸怩《じくじ》たる思いを禁じ得ない。

歳月は残酷だ。この間、早紀江さん、父の滋さんも80歳を過ぎ、足元も言葉もたどたどしくなった。年を追うごとに、残された時間は、確実に減っている過酷な現実を突きつけられた。今年はこだわり続けた「悪夢の日」ではなく、開始時間を早め、横田夫妻の体調を最優先し、日帰りできる18日（土）に変更せざるを得なかった。

拉致問題は、混沌とする世界情勢と背中合わせで複雑だ。米トランプ政権は、核・ミサイル開発を続け、大陸間弾道ミサイル（ＩＣＢＭ）発射で威嚇する金正恩《キム・ジョンウン》・北朝鮮労働党委員長へのけん制を強め、日米韓連携による経済制裁、中国・ロシアへの圧力要請など国際的な北朝鮮包囲網の構築を目指しているが、足並みが乱れ成果が出ていない。

進展しない拉致問題をあざ笑うかのように、北朝鮮は、安倍晋三内閣の支持率急落の一因となった稲田朋美防衛相が辞任した今年7月28日深夜にミサイルを発射、日本の経済的排他水域に着弾させた。早紀江さんは「日本の政治の混乱が見透かされている。一向に進まない」と危機感をあらわにした。核・ミサイル問題に拉致問題が埋没してしまうことに強い懸念があるからだ。

拉致被害者とその家族の高齢化。「生きているうちに解決を」という悲痛なカウントダウンが始まっている。拉致被害者奪還を「祈り」続けるだけの時は過ぎた。「あなたの家族が被害者になったと思って考えてください」。早紀江さんの母の叫びを傍観しているだけでは解決できない。国民一人一人が、大きな声を上げ、全面解決へ政治を動かさないといけない。

本書は、２００４年に出版した『祈り　北朝鮮・拉致の真相』（講談社）の復刻版である。その後の拉致をめぐる情勢を年表に加え、早紀江さんと本紙特別編集委員の伊豆見元・東京国際大教授の寄稿を加筆した。めぐみさん拉致から40年の節目に「拉致問題を風化させてはならない」

「私たちは拉致被害者を見捨てない」との強いメッセージを込めて復刻する。

最後に「祈り」初版本に記された一節を記したい。

「拉致」――。その言葉には胸が張り裂けそうな悲しみと同時に、強い憤怒を感じる。
ある日、突然、何の落ち度もない人間の身柄を拘束し、長期間にわたり自由を奪う
この許しがたい国家犯罪の陰でいったい、どれだけの涙が流されたのだろうか。
愛する娘や息子、姉や弟が北朝鮮に拉致された被害者家族と被害者本人の慟哭《どうこく》の涙である。

本書出版に際し、協力していただいた全ての関係者に感謝申し上げたい。

２０１７年10月

新潟日報社・取締役編集制作統括本部長

高橋　正秀

# はじめに

「拉致」――。その言葉には胸が張り裂けそうな悲しみと同時に、強い憤怒を感じる。ある日、突然、何の落ち度もない人間の身柄を拘束し、長期間にわたり自由を奪うこの許しがたい国家による犯罪の陰でいったい、どれだけの涙が流されたのだろうか。愛する娘や息子、姉や弟が北朝鮮に拉致された被害者家族と被害者本人の慟哭《どうこく》の涙である。

拉致事件が大きく動いた1年だった。２００４年5月22日、電撃的な小泉首相再訪朝によって拉致被害者・新潟県柏崎市の蓮池薫さん、福井県の地村保志さんの子どもたち5人が日本の土を踏んだ。７月９日には、曽我ひとみさん一家がインドネシア・ジャカルタで再会、18日には一家が帰国した。しかし、引き裂かれた家族が再会するという喜びの渦の中で、新潟市で拉致された中１少女の横田めぐみさんら安否不明者の再調査問題は何ら進展していないことを忘れてはならない。

２００２年10月15日に拉致被害者5人が帰国したものの、膠着《こうちゃく》状態にあったなか、新潟日報社は、２００３年11月から２００４年６月末まで証言と検証で綴る長期企画「拉致・北朝鮮」を展開した。新潟は戦前、朝鮮半島から大陸への人員・物資送出の拠点、戦後は、北朝鮮帰還の窓口として国策に従った。祖国分断の在日の人々を含め、半島情勢に深くかかわってきた新潟の地元紙として「日本海を平和と友好の海に」するために是が非でもやらなければならない企画だった。

新潟と北朝鮮。今でも新潟港と北朝鮮（元山）を結ぶ唯一の航路があり、北朝鮮の貨客船「万景峰号《マンギョンボン》」が行き交う。拉致被害者の人生が翻弄《ほんろう》されたように、新潟港もまた歴史の波に大きく揺れてきた。

昭和初期、新潟港は、荷物を満載して満州（中国東北部）へ向かう貨物船でにぎわった。名実ともに開港5港として重要性を持った時代だった。新潟港の対岸交流基地としての歴史は古い。明治前半から、港には北洋を夢見る漁師たちが集まり、帆船を駆って荒波に乗り出していった。明治40（１９０７）年には、ロシア・ウラジオストクとを結ぶ直行航路が開設された。

本格的な「対岸の玄関口」としての歩みは、昭和7（１９３２）年、満州国建国で始まった。中国・大連、北朝鮮・清津、羅新との間に定期航路が結ばれた。対岸からは石炭、大豆。日本からは満州国建設のための資材が送られた。しかし、次第に「侵略の港」へと変貌していく。新潟からは満州開拓民、青少年義勇軍が海を渡った。対岸へ向けた新潟港の繁栄は敗戦で途切れてしまう。戦後は、米ソ冷戦構造による「氷の海」と化した日本海で北朝鮮への帰国協力事業や日ソ沿岸貿易、昭和47（１９７２）年には、田中角栄首相による日中国交回復で中国へも窓を開いていく。9万人以上の在日と日本人配偶者を送り出した帰還事業の歴史は、新潟と北朝鮮の「友好と親善のパイプ」構築の歴史でもあった。

連載当初から、本社には反響が殺到した。毎朝、私の机には取材班から回ってくる読者の声があった。「毎日泣きながら何度も読み返しています」（3児の母）、「新聞は普段読まないけど、この連載だけは欠かさず読んでいます」（中2女子）。新聞が、映像と速報性のテレビにどう対抗するか。スクープと、奥の深い解説記事を常に目指しているが、今回の企画は、活字離れが指摘される若い世代の心にも訴え、活字ジャーナリズム復権への足がかりをつかんだのではないかと自負している。

取材班は、証言を丹念に積み上げ核心に迫っていった。その重い言葉の一つひとつが紡《つむ》ぎ出す活字の力が読者の心を打った。新聞から飛び出してシンポジウムも開催した。「めぐみが生きて帰ってくるまであきらめません」。首相再訪朝翌日の5月23日、新潟市で開かれた「拉致・北朝鮮を考える県民シンポジウム」（新潟日報社主催）でめぐみさんの母・早紀江さんが訴えると、すすり泣きが漏れた。

この連載は、後に熊本日日新聞社が異例の転載に踏み切り、全国に感動の波が広がっていった。地方紙同士が連携すれば、国をも動かす大きな原動力になることを実証した。

新潟は、生真面目で忍耐強く心優しい県民性で知られる。キャンペーン企画は終了したが、今でも編集局には「拉致解決へ総力取材」と大書したのぼりが立つ。全面解決のその日まで「愚直な旗」を掲げ続けたいと思う。

２００４年10月

新潟日報社・常務取締役編集局長　高橋　道映

●目次／祈り　北朝鮮・拉致の真相　復刻版

題字（「祈り」）——横田早紀江
カバー・帯写真——米倉正雄（写真部）

# 祈り

北朝鮮・拉致の真相　復刻版

# 第1章　めぐみはどこへ　証言編

## 1　悪夢から26年

北朝鮮に拉致された新潟市の寄居中学1年生横田めぐみさん（当時13歳）の母・早紀江さん（67歳＝２００３年11月当時＝以下同）は、「あの日」の記憶が焼きついて離れない。１９７７（昭和52）年11月15日夜。暗闇の中で、懐中電灯を手に無我夢中で帰らない娘を捜し回った浜辺の記憶だ。

あれから26年、「新潟の海は、申し訳ないけど、今も大嫌い。鉛色の鉄板のように、よみがえってくる」。早紀江さんにとって、新潟の海は、今日まで続く「悪夢の原点」となっている。早紀江さんは近年、眠りについてもめぐみさんの夢を見なくなっていた。ただ最近、「久しぶりに現れてくれた」と明かす。

「人がいる町の中で、何か話をしているような感じだったかな。でも、顔は13～14歳くらいで、もやーっとしているの。体は大きくなっているのにね。不思議でしょ」

30歳代のめぐみさんを想像した似顔絵を支援者の画家からもらった。２００２年には北朝鮮側が出してきた20歳ごろのめぐみさんとされる写真を見た。しかし、父・滋さん（71歳）も「私たちにとって、めぐみは13歳のままなんです」と静かに語る。

両親にとって時は止まったままだ。

２００２年10月15日、蓮池薫さん（46歳）ら拉致被害者５人が帰国した。そのとき、平壌《ピョンヤン》・順安《スナン》空港に見送りに来ていた孫娘のキム・ヘギョンさん（16歳）と、蓮池さんたちとが、おでこを付けて抱き合っていた。

あれから1年たって滋さんは、その表情を撮った写真を見返し、思いをめぐらす。

「出発前のあいさつでしょうが、涙もためていた。懐かしさからだったのか。それとも（蓮池さんら）被害者の方々が、めぐみについて今はまだ口にできない何かを知っているためだろうか」

滋さんは今、ヘギョンさんと、めぐみさんの夫とされる男性にも会って、「めぐみについて尋ねたい」との思いが日増しに募っている。

だが、早紀江さんや双子の弟の拓也さん（35歳）、哲也さん（35歳）たちは、現時点での滋さんの訪朝に強く反対している。仮に会えても、北朝鮮当局の意向に沿った受け答えによって「死亡」が事実のようにされかねないとの懸念があるためだ。

孫会いたさに訪朝を切望する夫を引き止める妻――。そんな早紀江さんに、心ない声も伝わってきた。丁寧な語り口だが「お母さんは冷たい。なぜ、みんなで行かないの」との批判だった。「他人に何がわかるの」という思いで耳をふさいだ。しばらく怒りに震えた。

「会いたくないはずがない。本当は今すぐにでも飛んでいって抱きしめてあげたい。だけど、これまで我慢に我慢を重ねてきたのは、めぐみに再び会うためなんです」

２００２年9月の日朝首脳会談以降、世論は大きく動いたが、めぐみさんとヘギョンさんが戻っていないという事実は「何も変わってない」と早紀江さんはきっぱり言い切る。

現在、政治の世界でも拉致問題は無視できない存在になった。拉致問題の象徴的存在となった「めぐみさん」家族の闘い続ける姿に、多くの人々が共感したからだ。

11月14日は滋さんの誕生日。めぐみさんから事件直前に「おしゃれに気をつけてね」と、べっ甲色の携帯用くしをプレゼントしてもらった。「カバーはちょっと汚れたけど、くしはバッグの中に入れて、ちゃんと今も使っています」。

平凡な家族の団欒《だんらん》があった。それが翌15日を境に暗転する。

## 2　運命の11月15日

「ちょっと遅いわね」。めぐみさんの帰宅を待つ母の早紀江さんは、独り言のようにつぶやいた。

1977年11月15日午後6時半すぎ。「暗いから、帰り道は気をつけなさい」と毎日言われていた当時小学3年生だった弟の拓也さん、哲也さんは、母のいつもの心配が始まったと思い、「そうかな」と軽く聞き流していた。

「ドン」——。「花火のような、くぐもった金属音のような、おなかに響く音」（早紀江さん）が聞こえた。驚いた3人は縁側に出たが、火や煙はなく、特に異変はない。哲也さんは庭にあった大きな石を指さし「ねえ、あの隕石が落ちたんだよ」と少年ながらの推理を披露したが、「ばかねえ。あの亀さん（石）はもともとあったのよ」と母は返した。ただ、何となく妙な気分になり、早めに雨戸を閉めた。

この音について、元北朝鮮工作員らは「高速工作船が急発進するときのエンジンの爆発音の可能性」と指摘するが、当時の横田親子に、そんな想像はできるはずもなかった。

午後7時を回っても、めぐみさんは戻ってこない。もうバドミントン部の練習も終わっているはずだ。胸騒ぎに襲われた早紀江さんは、学校へ迎えに行った。

体育館からは「ソーレッ」の掛け声が漏れてきた。何だ、まだ練習していたのか」と安心した直後、体育館で見たのは、バレーボールに励む中年女性たちの姿だった。

「えっ、何これーって。これで凍りついた」

大急ぎで自宅へ引き返し、こたつに入っていた拓也さんと哲也さんを連れ出し、周辺を捜した。火事で廃業した元ホテルに近づいた。

拓也さんが記憶をたどる。「真っ暗な中、敷地に足を踏み入れると、足にぼろぼろのコンクリートの塊がぶつかった。子ども心に怖くて、怖くて。『よそを捜そう』と母の手を無理に引っ張ったような気がします」。

海岸では母が、駐車中の車やトランクにまで懐中電灯を当てた。哲也さんは「中にいる人に怒られるよ、と言ったけど……。何が何だか分からないので、とにかくいったんは家に帰りたい。そんな思いでした」と振り返る。

県内外の友人や親戚に電話をかけた末、午後9時ごろ県警に通報。めぐみさんのパジャマを警察犬にかがせて、足取りを追った。

同行した父・滋さんの頭には「犬が、交差点でくるくる回るんです。ああ、ここまではいたんだなと。だが脅迫電話はない。飲酒運転の接触で車に連れ込まれたのか……」などさまざまな悲劇のシナリオが駆けめぐった。午前零時、いったん捜査は打ち切り。夫妻は居間の電話台の横で、眠れないまま一夜を過ごした。

翌16日朝、めぐみさんと同級生の娘を持つ真保節子さんは、心配してめぐみさん宅を訪ねた。真保さんが目にしたのは、目を真っ赤に泣きはらし、憔悴《しょうすい》しきった早紀江さんの姿だった。

前日の昼過ぎ、真保さんは不気味な車を目撃していた。「曇りガラスで顔は見えないまま、ドアの窓から手だけ『おいでおいで』をしてた。恐ろしくなって、近くの友人宅へ走って逃げた」。「何で、あのときすぐ（不審車情報を）警察に連絡しなかったのか。泣き出してしまいました」。26年たっても、深い悔恨が続いている。

## 3　隣人、親友たち

静かな夜だった。めぐみさん宅の隣家に下宿していた当時新潟大学医学部4年の女性は、窓の外からわずかに聞こえてきた「あの声」が、今も耳の奥に残っている。

「助けて」。ほんの一瞬だった。拉致された1977年11月15日の午後6時半ごろ、2階の部屋でのんびりと掃除をしていたときのことだ。

「悲鳴とかじゃなく、短く言い切る感じ。若い女性のようなちょっと甲高い声でした」。サッシを開けて、暗い中で目を凝らしたが、誰もいない。「まあ、気のせいか」とサッシを閉めた。

めぐみさんが拉致されたと思われる現場からは数十メートルほどのところだが、下宿の向かいの庭の樹木が邪魔して、視界に入らなかった。

「あの声はめぐみさんだったのか……。せめて外に出てたら状況が変わっていたかもしれない」。現在山梨県で医師をしているその女性は、悔やむ。事件以降、ちょっとした物音でも玄関を飛び出し、周囲を歩いて確認するようになった。無念の思いは今も引きずっている。

　事件前日の14日夕、同級生で同じバドミントン部の親友・山田くに恵さんは「解読してね」と小さな封筒をめぐみさんに手渡した。

　当時サスペンスドラマに凝っていたので、手紙はモールス信号でつづった。内容は「父の転勤で引っ越すことになりました」。翌日までには解読し、駆けつけてくれるに違いない。

　だが、15日夜、かかってきた電話は、母の早紀江さんからだった。「娘が戻ってないの」。山田さんは歯医者に行くため部活の練習を休んでおり、彼女の姿は見ていなかった。

　数日後、まだ行方はわからない。山田さんは早紀江さんに招かれ、部屋で語り合った。家出の可能性も心配し、手がかりを少しでも得たいとの親心だった。

「もともとヨコ（めぐみさんのあだ名）は成績抜群だったけど、部活が忙しくて少しだけ成績が落ちたみたい。だから、両立に苦しんでなかったか、友人や恋愛で悩んでなかったか……、お母さんは色々想像されて涙をためてるの」

　部屋に主のいない勉強机がぽつんと残されていた。壁には、めぐみさんの誕生日に山田さんがプレゼントした蝶々のアクセサリーが飾られていた。親しかった分だけ悲しい現実を「なかなか受け入れられなかった」と山田さん。

「ヨコがいない」――。帰り道、歩きながら涙があふれ、止まらなくなった。初めて大泣きした。

詩やイラストなどを描いて、めぐみさんと山田さんの3人で交換日記をしていた真保恵美子さんも同じ気持ちだった。「(16日朝)クラスで泣いてる子を見ると、『そんな簡単に悲しまないでよ。ちゃんと帰ってくるんだから』と腹が立った」。

真保さんはめぐみさんと出会うまでは、内気で泣き虫な子だった。だが「学校生活を明るく、性格を強くしてくれたのはヨコだった」との思いは変わらない。

「ボンボコ(真保さんのあだ名)泣いちゃ駄目。次泣いたら髪を切っちゃうよ、とヨコに約束させられた。一度うっかり泣いたとき『じゃあ切るよ』と一房の髪を指でつまれて数センチだけはさみでチョキンと切られた。励ましてくれたんです」

当時めぐみさんが描いたイラストの切れ端を見せてくれた。「漫画家池田理代子さんの絵柄そっくりでしょ。目がキラキラ、鼻は高くて……。強く凛《りん》としたキャラが好きだった。ヨコはどんな状況下でも負けずに耐えられる人です。必ず帰ってくる。私も泣かないで待っています」。

今も生還を信じて、あの日の約束を守り続けている。

## ４　〝形見〟のラケット

日朝首脳会談後の２００２年10月、めぐみさんの娘キム・ヘギョンさんが持つ「形見」のラケットの写真が公開された。カバーに書いた「横田」の文字が塗りつぶされていた。それは、めぐみさんが確かに北朝鮮にいたことの「物証」であり、日本人の名を捨て北朝鮮で生きる決意をしためぐみさんの日本人としての「形見」にも映った。

「あれ、ヨコのラケットだよね」。新潟市立寄居中バドミントン部時代のチームメートが電話で話した。

ラケットは、とても大切にされていたような感じがした。めぐみさんとダブルスを組んでいた佐々木広美さん（仮名）は「よほど思いがあったのでしょう。ヨコにとって自分の『形見』みたいなものだったのかもしれないですね」と推察する。

そしてラケットにまつわる思い出を語った。「木製のフレームとシャフトのつなぎ部分の色が特徴で、私は緑、ヨコはピンク。名前は英語の人もいたけど、ヨコはお母さんに書いてもらったのか崩した漢字でした。間違いない」。

「ごめん、塾があるから先に帰るね」。１９７７年11月15日。練習後、佐々木さんはめぐみさんより一足先に校門を出た。登下校はいつも一緒。この日も玄関までは、すぐ後ろにあの明るい声が響いていた。

2日前の13日、2人は初めて試合に臨んだ。佐々木さんのミスにも「大丈夫」「ドンマイ」と励ますめぐみさん。緊張した2人は準々決勝で負けてしまった。

「ヨコは『最後まであきらめないで』と声をかけてくれました。でも、うまくいかなくて……。試合が終わって相手と握手するとき、ヨコはもう目を真っ赤にしていました」

大会後、めぐみさんは新潟市の強化選手に選ばれた。母・早紀江さんには「大変だよ」と打ち明けたが、選ばれなかったパートナーを気遣ったのか、佐々木さんには黙っていた。

部活に打ち込む一方で、13歳の少女らしくほのかな恋心を抱く「あこがれの先輩」がいた。バスケット部の3年生。人づてにサインをねだった。が、もらえずに「仕方ないよ」と残念がった。15日には友人に「告白しようかな」と相談した。

突然、一人の同級生が消えた16日朝、教室の後ろの方に女子生徒が集まってシクシク泣いていた。朝礼が少し遅れて始まり、先生が「大事な話がある」と切り出した。めぐみさんが行方不明になった、と。

同じクラスの間英法さんは「女子がウェーンと泣いて、ああ、これかと思った。でも子どもだったから、重大事件とは考えられなかった」と振り返る。授業中、別室では県警の事情聴取が行われていた。公開捜査になりマスコミが押しかけた。翌春にクラス替え。佐々木さんにも新しいパートナーが決まった。

事件当日、佐々木さんは、学校を出て最初の丁字路で、右手に止まる白い乗用車に気づいた。後部座席の白っぽい服の男が身を乗り出すように、こちらをじっと見た。「何か見てはいけないものを見た感じがしました」。

制服姿で手に赤いスポーツバッグとラケットを持っていた佐々木さんと、拉致された際のめぐみさんの格好は同じだった。あの車は、めぐみさんを捜していたのか。「一緒に帰っていればヨコは事件に遭わなかったかもしれない。もしかしたら私も一緒にいなくなったかも。いや、大丈夫だったたか」。あの日の後味の悪さに今も胸がうずいている。

部活仲間の多くは妻となり母となった。子育てや仕事に追われる日常で、家族に安らぎを求める。4児の母になった長井晶子さんは「ヨコにもヘギョンちゃんがいるのだから、自殺なんかするはずがない」と言い切った。「形見」のラケットは、めぐみさんが今でも生きている証しだった。

## 5　卑劣な脅迫電話

めぐみさんが消息を絶ってから2ヵ月余りたった1978年1月24日の昼下がり。横田家に男の声で一本の電話がかかった。「（めぐみさんを）僕が預かっている」。母・早紀江さんは恐ろしさと同時に「これでめぐみが帰ってくる」との期待感も脳裏をかすめた。「この電話だけは離すまい」。右手で娘の命をつなぐ受話器を強く握りしめた。

「娘は……市内のそば屋で働かせている」。話は具体的だった。「誘拐に間違いない」。早紀江さんは受話器を左手に持ち替え、メモ帳に「犯人から電話。警察に連絡を。隣のおばあちゃまへ」と3行を走り書きした。

この日、小学3年生だった弟の哲也さんは風邪で学校を休んでいた。メモを見せられても、熱でふらつくので、ゆっくりとパジャマを着替え、上に羽織るものを探そうとした。

隣家の方向へ指先を何度も振って「それどころじゃない。早く知らせに行って」と目で促す早紀江さん。気配で相手の男に一度悟られかけたが「小さい子です」となだめた。その隙《すき》に哲也さんが隣家に渡したメモから、警察に通報された。家に戻ると、やりとりは続いていた。

哲也さんが記憶の糸をたぐる。「正直、母の背中以外はよく覚えていないんです。話の内容はわからなかったが、母の必死な姿に『ああ、姉のことだ』と感じました。恐怖で、咳《せき》もしないよう身構えていましたから」。

母は、娘が消えた2ヵ月を思い、無我夢中だった。公開捜査に踏み切ったが、有力情報は入ってこなかった。昼は松林から工場地帯まで歩き、路地の側溝をのぞき込んだ。夜はいつでも飛び出せるように電話台の下で普段着で眠った。

父・滋さんも浜辺を歩いたり、めぐみさんの遺留品を捜し回った。しゃがむ姿勢の連続で腰を痛め、1週間立てなくなったこともあった。「焦りだけ高まる中、家族ができることはほとんどなかった」。一家に地獄の日々が続いていた。

この日、偶然家を訪ね、電話のやりとりを見守った、めぐみさんの友人の母、真保節子さん＝前出＝は述懐する。「母の強さといったらいいのか。ノウハウを警察に教えられていたとはいえ、早紀江さんは途中でトイレに立ったり、要求された身代金を値切ったり。あの緊迫感の中、よくやれると驚嘆しました」。

1時間半後、県警は逆探知で電話のある場所を突き止めた。受話器を置いた直後、現行犯逮捕。男は高校生だったのだ。

「捕まえたーっ、と聞き、どれだけ安堵《あんど》し体の力が抜けたことか。でも1週間後には、めぐみとはまったく関係ないいたずらだったと。あのときの情けないほどの落胆といったら……」。早紀江さんは振り返った。

めぐみさんが消えてから、横田家には脅迫電話以外にも、いたずらともつかぬ、不審な電話が相次いだ。

早紀江さんの脳裏に今も残る電話がある。「もわーんと静かな中、たまに遠くから女性のアナウンスが聞こえるの。飛行場かデパートの中のよう。ただ、いくら耳をすましても声は小さく、しかも日本語ではないようでした」。

「めぐみちゃん、めぐみちゃんなの」。母の懸命の呼びかけにも無言のまま数十秒で切れた。哲也さんも振り返る。「僕自身、無言電話を5～6回取りました。今も電話が鳴るたびに正直、いい気持ちがしないんです」。

今、滋さんは推察する。「(拉致犯が)家族の様子を探るための定期的なものだったのか。あるいは、めぐみが、監視員や盗聴を気にして語ることができない中、家族の声を少しでも聞こうと、かけてくれたのか」。手がかりがない中、受話器の向こう側に、めぐみさんの影を必死に捜そうとする悲しい親心がにじんでいた。

## 6 北朝鮮の影

「うちの主人がブツブツ言っているんだけど、めぐみさんは『北朝鮮』にいるんだって。理由はさっぱりわからないけど」。めぐみさんが拉致された翌年、1978年初夏。母・早紀江さんは、滅入《めい》る気持ちを紛らわせるため通い始めた絵画教室で、親しくなった主婦から耳打ちされた。

弟・拓也さんが回想する。「'78年ごろ、母がぼそっと『北朝鮮かどこか外国に連れ去られたのかもね』とこぼしていました。当時は小学校4年だったので、ふーん、としか思わなかったけど」。

'78年の暮れ、横田家に電話がかかってきた。「ガーガーと無線機のような音、ボートのエンジンのような音が背後から聞こえる中、『赤い……赤い……。うん、違いますか』と。語尾が少し舌足らずで日本人とは違うアジア系の男性でした」と早紀江さん。今にして思えば、赤は社会・共産主義を連想させる色だったのか。

早紀江さんの頭の中で時折、「北朝鮮」が見え隠れしていた。

'80年1月7日朝、近所の友人がサンケイ新聞の切り抜きを持ってきた。'78年夏に柏崎市の蓮池薫さん、奥土祐木子さんを含む男女3組が謎の蒸発をして、外国情報機関が関与した可能性があることを指摘する内容だった。

早紀江さんは「大人2人を連れて行けるなら、少女1人はわけない。これに違いない」と直感、新潟中央署に行き見解を求めた。だが、県警は「みんな20代以上のカップル。（めぐみさんとは）年齢が違うのではないか」。父・滋さんも「少女を外国へ連れて行って何のメリットがあるのか」と否定的見解で、それきりになった。

「よかったわねえ。戻ったんだって」。'82～'83年ごろのある日、早紀江さんは新潟市古町のデパートで知人に笑顔で話しかけられた。何のことかわからず聞き返すと、「北朝鮮に連れて行かれためぐみさんが、新潟に戻って精神病院に入院中だ」というのだ。

「えっ、どこの病院なの」「あら違ったの」。噂《うわさ》を初めて知った母は驚いて、自宅に走って帰った。直後、電話が鳴った。「見つかったんだって」。今度は、弟・哲也さんの同級生の母親だった。「全然違うのよ。あなたまで何を言ってるの……」。

自分の知らないところで悪質な噂が増殖していた。「帰ってきたというデマが事実にとられれば、もう解決済みとして新たな消息情報は入ってこない。ただごとではない」。早紀江さんは怒りがこみ上げてきた。

その母親から、誰に聞いたかを問いただし、噂の出所を探し歩いた。主婦では入りにくい飲食店も訪ねた末、6人目にたどりついたのは、大きな屋敷だった。

門から出てきた女性は「そんな噂、だれから聞いたかなんて覚えてないわ」と怪訝《けげん》そうな顔。「娘のことです。大事なことですから」と繰り返したが、女性は知らないの一点張り、最後は逆に怒鳴られた。早紀江さんは「いい加減なこと言わないで」と言い残し、泣きながら引き返した。

後日、早紀江さんは人づてにこんな話を聞いた。「新潟市の繁華街の高級バーで、少し身なりのいい客が『北朝鮮にいるらしいよ』と話していたのを、近くの席で聞いていた人から、出始めたらしい」。

現在、元北朝鮮工作員らの証言によると、「めぐみさんは18歳ごろ、日本に戻れないと知り、精神を病んだ」とされる。あの噂の時期、めぐみさんは18歳前後で符合する。

「本当に根も葉もない噂だったのでしょうか。新潟は帰還事業の港だったからか、北朝鮮のことはどこかタブーで、この話題になると口をつぐむ。そんな独特な空気をずっと感じていました」と、早紀江さんは語る。当時、「北朝鮮」はまだ何の確証もない「影」の存在だった。

## 7　支えた交番警官

１９８６（昭和61）年の春、昇進したばかりの警察官が新潟から東京のめぐみさんの両親宅を訪ねた。母の早紀江さんは、真新しい制服の袖に巡査部長の階級を示す銀モール２本を縫いつけた。

今は上越地方の交番に勤める山本源太郎さん（仮名）は、横田家を事件以来26年間励ましてきた真意を語った。「なぜあんなまじめで親切な人々が苦しまなければいけないのか。公人を超えた人間としての思いです」。

'83年6月、めぐみさんの父・滋さんの東京転勤が決まった。「娘の消息がわかるまでは……」と転勤を断り続けてきたが、弟たちの高校進学を機に、後ろ髪を引かれながらもついに新潟を去る日が来た。娘を待ち続けた6年間。「新潟を一度は嫌いになりかけた」という母が、振り返る。「泣き暮らす毎日でした。事件以降は、巻き込まれるのを避けたかったのか、私たちと距離を置き始める人もいた。でも、それ以上に多くの方々に励まされたからこそ耐えられた。感謝の気持ちでいっぱいです」

その一人が、当時横田さん宅を受け持つ新潟中央署・松波町交番に勤務していた山本さんだった。

事件2ヵ月前の'77年9月、山本さんは家族調査で横田さん宅を訪ね、早紀江さんと初めて会った。滋さんが新潟勤務となる前の広島時代の話で会話は弾み、元気で明るい笑顔が印象に残った。

ところがめぐみさんが行方不明に。直後は捜査が緊迫する中、交番勤務員として、訪問は控えながらも気にかけていた。

捜査が膠着《こうちゃく》してきた年明け、数ヵ月ぶりに横田家を訪ねた際、早紀江さんの変わりぶりに驚いた。「病気で倒れそうなほどにやつれ、目は落ちくぼんでいた」。山本さんは、笑顔で月1回必ず訪問しようと決意した。

1年、2年とたっても、手がかりとなる新情報は入らない。早紀江さんは「ひょっとして……」と涙ながらに娘の安否についてこぼした際、山本さんに激励されたことを覚えている。

「『僕は幼いころに父を亡くしたが、死ぬ直前に胸騒ぎを感じた。お母さん（早紀江さん）に胸騒ぎはありましたか。ないでしょう。必ず生きてます。母が強く信じてあげなくてどうするんですかっ』としかられた」。生き地獄の日々、励まされた言葉の一言一言が、うれしくてまた泣いた。

そのころ弟の拓也さん、哲也さんは、姉がいない寂しさを抱えながらも新潟で小、中学校に通い続けていた。

ある日、上級生から「おまえの姉ちゃん、どうしてんだよ」と心ない言葉を吐かれた。心配をかけまいと弟たちは両親には言わなかった。それとなく弟たちの心の痛みを感じ取った山本さんは、自分が出場した空手大会のビデオを送った。「けなげで、かわいそうでね。負けずに心を強く持ってほしいとの願いも込めた」。

山本さんも早紀江さんに悩みを打ち明け、励まされた。「おまえは非行少年や被害者に感情移入しすぎると言われた……警察官に向かないのかなあ」。今度は早紀江さんが優しく諭した。「そんな人こそ（警察に）いてほしい。自信を持ちなさい」と。

'80年、山本さんが柏崎へ異動。あいさつに行ったとき、早紀江さんから「家族のように大事な人と思っています」と送り出された。帰り道「一生警察官を続けよう」と誓い、自転車をこいだ。

2003年1月、山本さんの小学4年の長男に早紀江さんからプレゼントが届いた。めぐみさんも大好きなチョコレートだった。長男はたどたどしい文字でお礼を書いた。「らちはむずかしい問題だけどがんばって下さい」。被害者家族と警察官。職務を超えた家族同士の交流が続いている。

## 8　北朝鮮にいる

2003年11月13日、都内のチャペル。厳粛な祈りをささげるクリスチャンらの一団の中に、めぐみさんの母・早紀江さんの姿があった。「北朝鮮から、めぐみさんをはじめ多くの拉致被害者を救ってください」「飢餓に苦しむあの国の民衆を助けてください」。

2000年春から始まった「早紀江さんを囲む祈りの会」は、この日で35回目。'02年の日朝首脳会談以降は参加者も増えている。

世話役で、新潟時代から四半世紀にわたる早紀江さんの友人・斉藤真紀子さんは語る。

「会合が回を重ねていく現状はつらい。早く『救出されたことを感謝する会』に変わりたいのですが……」。全員が「その日」を待ち、祈り続けている。

'77年の事件発生直後、横田一家はテレビのワイドショーの人捜しコーナーに出演し、早紀江さんが画面からめぐみさんに向かって呼びかけていた。新潟市に住んでいた斉藤さんは「涙もこぼさず、きっちり言うべきことを語っている。すごい人だ」と感じた。

だが、'78年春ごろから親しくなるにつれ、次第に印象は変わっていった。お茶を飲みながら早紀江さんが、何げなく口にした言葉が忘れられない。

「生死もわからず、この悲しみは、けじめがつかない。もう死にたい、死んでしまいたい」

それから斉藤さんは、教会全体で祈った後、一人ひそかに「早紀江さんが『死にたい』と思わなくなりますように」とも念じるようになった。

悲しみに暮れる横田家には、さまざまな宗教団体が勧誘に訪れた。中には「（現世で子孫の）あなたが苦しんでいるのは先祖の因果応報です」と言い切る宗教者もいた。早紀江さんは、「先祖も親兄弟もまじめに生きてきたのに……」と言って悔し泣きした。

「私もかける言葉もなく、もらい泣きしてしまいました」と、早紀江さんの親友・真保節子さんは振り返る。

ただ、新潟市の教会で教えを説いていた米国人のマク・ダニエル宣教師だけは、そんな宗教者たちとは違っていた。幼い弟の拓也さんと哲也さんを連れて新潟西港の岸壁で旧ソ連籍船などの乗組員に、めぐみさんの消息情報を求めるビラを配り続けていたのだ。

「もうどんな宗教とも距離を置こうか」とも思い始めていたころだったが、早紀江さんの目に「この人は本物だ」と映った。それもあって、知人が持ってきてくれた分厚い旧約聖書を、何げなくパラパラとめくった。

「主は与え、主は取られる……」「神の深さを見抜くことができようか」

聖書の言葉が、早紀江さんの悲しみの心を潤していった。

「この世のすべてのことは人知の及ばないところにある。今できることをして、悔いだけは残さないようにすることだ。そう考えられるようになって、少しずつ日常を耐えて生きることができるようになったのです」

めぐみさんが「20歳」を迎えた'84年、早紀江さんは洗礼を受けた。東京へ転勤後も、斉藤さんや真保さんたちと一緒に「せめて、めぐみがどこにいるかだけでもお示しください」と祈り続けた。

1997年1月、母たちの祈りは届いた——。「めぐみさんは北朝鮮にいる」ことが、元工作員らの証言で明らかになったのだ。その直後、斉藤さんに早紀江さんからはがきが届いた。

「これまでの20年は、自分を鍛えるための試練の年月だったのでしょう。かつての私ならば、今の苦しみに30分ともたなかったでしょう」

この時から、ごく普通の家族たちが、国際政治の奔流の中で、新たな試練へと立ち向かっていった。だが、北朝鮮が自らの国家犯罪・拉致を認めるまでには、さらに6年近くの歳月がかかった。

## 9 隠し続けた姉の存在

'97年の正月2日昼。めぐみさんの弟・拓也さんは、川崎市の実家に婚約者となる女性を招いた。父・滋さんと母・早紀江さんは笑顔で迎えた。居間のテレビからは箱根大学駅伝の声援が流れていた。

一通りのあいさつが済んだ後、両親は夕食の買い物へ。出がけに早紀江さんが、拓也さんに耳打ちした。

「ちゃんと、めぐみのことは伝えておきなさい。それで（交際が）駄目になったのなら、もともと縁がなかったのよ」

拓也さんは高校入学とともに東京に引っ越してから十数年間、周囲に「姉」の存在を口にしたことはなかった。思い出したくない過去から逃れるように無意識に姉の存在を消していた。

彼女と二人きりになった居間で、拓也さんは恐る恐る切り出した。「おれ、実は姉がいるんだ。20年前忽然《こつぜん》と行方が分からなくなって、それっきり……」。語り始めると、記憶が次々とよみがえり涙があふれた。

新潟の小中学校時代、「めーぐーみ、めーぐーみ。いないぞ、いないぞ」とはやしたてられた。父が風呂場で一人、男泣きしている姿を目撃した。高校以降は、親しくなったクラスや部活の仲間にも姉の存在を隠し続けた。就職活動中の履歴書にも「両親と弟の4人家族」とだけ書き込んだ。

恋人は、潤んだ目で、ただうなずき、すべてを受け入れてくれた。最後に一言だけ絞り出すようにつぶやいた。「大変だったのね」。

その年の10月11日。拓也さんの結婚披露宴が千葉県浦安市のホテルで行われた。華やかなライト、祝福の拍手の中、フルコース料理が手つかずのまま次々と下げられていく「空席」があった。席には「横田めぐみ」の名札が置かれていた。拓也さんが、姉のために用意した「陰膳《かげぜん》」だった。長男の晴れ姿に、両親は娘が消えてからの重苦しい日々を重ねた。幼かった双子の兄弟が耐えてきてくれたことがうれしかった。ただ、早紀江さんは、右隣のぽっかり空いた席に20年間の「空白」を見せつけられるようで急につらくなった。

拓也さんは「新潟時代、毎晩、門灯を消さないでいた両親の姿を見てきたから。いつも家族は待っている、そんな気持ちを形にしたかった」と語る。姉の生還を信じて待つ家族の思いを陰膳に託していたのだ。

双子の弟・哲也さんも翌'98年7月に結婚した。日朝首脳会談があった2002年9月に第二子が誕生。現在、哲也さんは拉致問題解決を訴えるため国内外を奔走している。

拉致や自分たちをテーマとするドラマはできる限り見る。「正直、過去をえぐられるようで見たくない。どれだけ本当の思いが伝わるのかという不安もあるし」と複雑だが、仕事先でも「見たら泣いちゃいました」「頑張って」と声をかけてくれる人たちがいる。「家族自身が目を背けるわけにはいかないですよね」。

小さな子どもたちに物心がついたら、拉致事件と救出活動についてこう教えるつもりだ。「大勢の人たちのおかげで、お父さんたちはやっているんだよ。無数の事件事故のニュースの陰で、どれだけ多くの被害者と家族が泣いているか。他人の痛みを感じられる人になりなさい」と。

川崎の実家には、めぐみさんや娘のキム・ヘギョンさんのほか、兄弟の子どもたちの写真が飾られている。一家の夢は一つだ。セピア色になった古い写真の中だけにある5人家族ではなく、親子3代全員がここで会える日が来ることを。

## 10　なぜ、あの国に

ＪＲ川崎駅から乗り込んだ電車の中でめぐみさんの父・滋さんは、あの電話の信憑《しんぴょう》性を考え続けていた。「生きていてくれたのか……。でも、どうしてあの国なのか。それに本当なのだろうか」。生存情報に喜ぶ一方、疑問や不安も広がり、違っても落胆しないようにと言い聞かせた。

「ちょっと早口だけど親切なおじさん」。日本銀行を定年退職した滋さんは、週に何回か東京・上野の国立科学博物館で自然界の仕組みなどを説明するボランティアとして働き、小学生たちに親しまれていた。双子の息子も社会人として巣立ち、穏やかな日々を送り始めていたのである。

だが、1本の電話で再び一変する。「お宅のお嬢さんが北朝鮮にいる」。忽然と娘が姿を消してから20年目の1997年1月21日。電話の主が待つ永田町の参院議員会館に着いたとき、滋さんの目はすでに真っ赤に腫れていた。

「いつか聞いた話だな、これは」――。前年の'96年9月。都内の「現代コリア研究所」で所長の佐藤勝巳さんは、ある一文に首をかしげた。同所発行の雑誌にジャーナリスト石高健次氏が寄せたリポート。元北朝鮮工作員の情報として「少女が日本の海岸から拉致された。バドミントンの練習を終えて帰宅途中……」という内容だった。

新潟県栃尾市出身の佐藤さんは遠い記憶をたどった。「昔、新潟で少女が行方不明になって大騒ぎになったことがあったな……」と。「日本の海岸」とは新潟に違いないとピンときた。「今度、新潟へ行ったときに確認しよう」と胸の内にしまい込んだ。

かつて佐藤さんは帰還事業にかかわり、新潟から多くの在日朝鮮人を「地上の楽園」と呼ばれた北朝鮮に送り込んだ。だが、その後の情報は、楽園とはほど遠いものばかり。故郷に複雑な思いを残して上京、今度は、北朝鮮の問題点を追及する研究に没頭していた。

'96年12月14日夜。37年前に北朝鮮への帰還船第1便が新潟港から出港したこの日、佐藤さんは新潟市で講演した。その後の懇親会で、例のリポートの話をすると、周囲の県警関係者たちが「それはめぐみちゃんだ」「生きていたのか」と騒然となった。

佐藤さんは述懐する。「やはり北朝鮮だったのかと。相当手ごわいぞと直感したが、何としても救出に動かなければ。そんな思いだった」。これがすべての始まりだった。

この一件を知った当時共産党参院議員秘書の兵本達吉さんが、連絡先を探し当て、滋さんに電話を入れたのだった。

滋さんは議員会館の一室でリポートを見た。時期や年齢など多くがあてはまる。ただ「少女は双子の妹」が違っていた。実際は双子の弟の姉だ。

しかし、滋さんは「行方不明の時の記事にも『双子』の話はほとんど出ていない。伝聞だから、少々誤りがある方がむしろ自然だ」と確信し、涙ぐんだ。ただ、どうやって家族に伝えようか。迷いながら川崎に戻った。

その日午後、母・早紀江さんは千葉市で親友の真保節子さんらと「長男の結婚が決まりました」と感謝の祈りをささげていた。6時すぎ自宅に戻ると、夫がソファに座り込んでいた。「不思議なことがあったんだよ」と言ったきり、黙ったまま。もの言いたげだが、普段と違う様子だった。

「ひょっとして、めぐみちゃんのこと……」

「実はそうなんだ」

その時の心境を早紀江さんは振り返る。「えーっ、生きていてくれたのって。うれしくて、もう心臓がばくばくしてきて……」。双子の弟・拓也さん、哲也さんにも連絡し、喜びを分かち合った。

だが、興奮が少し冷めてくると、一家の前に厳しい現実が横たわっていた。どうやって国交のない北朝鮮から救出するのか。そして政治や世論にどう訴えていくか——。

## 11　運動の原点・新潟

夫婦は必死だった。'97年4月12日、新潟市の古町十字路。めぐみさんの母・早紀江さんと父・滋さんは、初めてタスキ掛けで街頭署名に立った日のことを忘れない。

「『ハイッ』と、いきなり『母　横田早紀江』なんて書かれたタスキを渡されて。正直、ギョッとしましてね。平凡な主婦でしたし、人様の前でタスキをかけてハンドマイクを持つなんてことは、なかったし」

戸惑う背中を母心が押した。「もうやるしかない。照れて恥ずかしがっている場合じゃない。もう数秒で『エイ、ヤーッ』って。娘のことで必死ですから。照れとかはどこかへ吹き飛んで忘れましたね」

元日銀マンの父もそうだった。「人前で声を出す仕事はしたことがなかったので。でも、世論に訴えるということはこういうことなんだと。必死でした」

めぐみさんの同級生や恩師も加わった。「お願いしまーすと大きな声で必死だった」とクラスメートの佐藤容子さん。同世代の子を持つ母親や若者が足を止め、行列ができた。支援の輪は少しずつ広がっていった。

初めて街頭で署名活動を行う横田めぐみさんの母・早紀江さん（右）と父・滋さん（左）。小島晴則さん（中央）の呼びかけで新潟から支援の輪が広がり始めた（1997年４月12日、新潟市）

街頭署名運動を仕掛けたのは、現在、全国に広がる支援団体「救う会」の原点となる「横田めぐみさん拉致究明救出発起人会」だった。

'97年1月25日夜、新潟市の「新潟救う会」会長の小島晴則さん宅に朝鮮問題の勉強会仲間4人が集まり新年会を開いていると、電話が鳴った。滋さんからだった。「私も（北朝鮮に拉致された少女は）めぐみに間違いないと思います。よろしくお願いします」。涙声になっていた。

「現代コリア研究所」の雑誌で石高健次氏のリポートを読み少女の話を知った小島さんは2日前、

滋さんあてに手紙を出していた。在日朝鮮人の帰還事業に携わり、今は「罪滅ぼし」で日本人妻の里帰り運動をしていること、事件発生地の新潟からめぐみさん救出運動を起こしたいことをつづった。滋さんからの電話はその返事だった。

受話器を置くと、小島さんの頭に次々とアイデアが浮かんだ。「政府を動かさなくては」「署名運動で世論に訴えよう」。柏崎市から遅れてきた当時専門学校講師だった永井鉄郎さんは初め事情をのみ込めなかったが、「朝鮮問題に詳しい私たちがやらなければ」と奮い立った。一本の電話は、新年会を「発起人会」に変えた。

小島さんはその年の2月13日、東京駅で初めて横田夫妻に会った。小島さんは述懐する。「ご両親は『新潟から声を上げていただき、ありがとうございます』と涙ぐんだ。この人たちならお付き合いしていけると」。

翌日、東京・永田町。当時新進党の国会議員総会で、早紀江さんが涙ながらに娘の救出を訴えた。「20年間娘を捜し続け、ようやく手がかりがつかめました。この機会を逃したくないのです」。母の叫びだった。

聞き入る約150人は静まり返り、やがて拍手の波が湧き起こった。立ち去ろうとすると、女性議員が廊下まで追いかけてきて早紀江さんに抱きついた。「この問題必ずやりますから」。

この日から、両親は、外務省、国会陳情などを繰り返し、「めぐみさん救出運動」に挑んでいった。

国会議員総会で訴える母の姿に小島さんは胸を打たれた。「純粋に救いたい、という母親の訴え。日常生活の細かいことまで覚えていて、めぐみさんとの絆《きずな》の深さを感じさせられた」。

11月16日、めぐみさんの母校の新潟小で集会が開かれた。同級生の間英法さんは早朝、近所の郵便受けにチラシを配って歩いた。予想を上回る１０００人が詰めかけた。

その夜、同級生だけで二次会を開いた。「すぐ解決するんじゃないの」との楽観論もあったが、誰かが、「そんな簡単にいかないと思うよ」といさめた。間さんは「国交のない国だから、どうにもできない。それでも横田さんたちを励ましたかった」と話す。

最後に便箋《びんせん》の寄せ書きを夫妻に贈った。「めぐみさん、生きて必ず帰ってきて」との思いを込めて。

## 12　心の支え、家族会

横田めぐみさん拉致の「あの日」から21年目の１９９８年11月15日。署名活動に集まった「2人の母」が、新潟市の寄居中学校から拉致現場、当時の自宅跡までめぐみさんの足取りをたどった。めぐみさんの母・早紀江さんに、拉致被害者・有本恵子さんの母・嘉代子さん（77歳）が、声をかけた。「本当は歩くの嫌でしょうね」。

「わかりますか？　生々しく思い出され、もうつらくて……」

2人は新潟市内で夜遅くまで語り合った。早紀江さんは、新潟時代に心ない噂で苦しんだこと、「北朝鮮の影」がちらついていたことを、嘉代子さんも孤独な日々を打ち明けた。

嘉代子さんが振り返る。「20年来の友人のように心が通じ合ってね。一言、二言だけで何でも染み入るように互いに理解できた」。2人は「解決に時間はかかっても絶対あきらめないで声を出していきましょうね」と手を握り合った。

前年の'97年2月に「めぐみさん事件」が大々的に報道され、国会でも取り上げられた。だが当時、拉致問題は、「疑惑にすぎない」「でっち上げだ」との懐疑的な声が少なくなかった。政府が拉致事件を認めたといっても「拉致の疑いが濃厚」として、あくまで疑惑だった。

そんな厳しい時代に心の支えになったのが全国の被害者家族が集まった「家族会」。同じ境遇の家族が団結し、政治や世論に働きかけていくのが狙いだった。

いなくなった身内を話題にすること自体がタブーだった家族も多かった。拉致被害者・増元るみ子さんの弟・照明さん（48歳）は語る。「姉を思い出すと母がすぐ泣くからね。ずっと口にできなかった」。結成後は、署名集めに動けるようになった。

3月25日、東京での初会合。有本恵子さんの父・明弘さん（75歳）は会の正式名称「『北朝鮮による拉致』被害者家族連絡会」について異論を唱えた。「『拉致』を外した方がいいのでは……」。苦い経験からだった。

恵子さんが消息を絶ってから5年後の'88年に「平壌で暮らしている」との情報が有本家に届いた。以来、政治家や外務省に何十回と足を運んだが、門前払い同然の対応ばかりだった。

「北を刺激する名称を使ったら、政治家は腰が引けてしまう。穏当な名の方が彼らも動きやすいのではないか」。信じては裏切られてきた政治、だが最後は政治に頼らざるを得ない立場。もどかしさをずっと抱えていた。会の名称は結局そのままになったが、その後の政府対応は、明弘さんの悪い予感が的中する。

家族会が政府や関係省庁に陳情に行っても「お気持ちはわかります」「努力します」と口先だけで、具体的な動きは見えなかった。

'98年4月に外務省を訪ねた。小渕恵三外相（当時）は家族と支援者に冗談交じりに返した。「難しい国だからなあ。どうしたらいいか、教えてくださいよ」。10月、法務省人権擁護局では担当者が「被害者が海外にいるという前例がない」「所管がわからない」と繰り返した。

早紀江さんは失望した。「言葉遣いだけ丁寧なの。一生懸命やるんだという熱意ある姿勢がほしかった」。

2000年3月には外務省前で、北朝鮮への食糧支援反対の座り込みをしたが、訴えは届かなかった。後日、自民党の野中広務幹事長代理（当時）が、講演で「日本でほえていても（被害者は）帰ってこない」と言い放った。

めぐみさんの弟・拓也さんは憤る。「それでは水面下で強く『返せ』と訴えてくれていたのか。あの発言が、当時の権力者の本音だったのでは」。家族の憤りをメールで官邸や省庁に送り続けたが、回答はほとんどなかった。

嘉代子さんは回想する。「横田さんらが一緒にいてくれたことが、どれだけ心強かったか」。早紀江さんも「何年も前から『のれんに腕押し』のつらい経験を重ねておられた有本さんに、励まされた」と語る。苦闘の歳月は、家族たちの結束を強固にしていった。そして2002年9月17日、日朝首脳会談を迎える。

## 13　非情な死亡宣告

「いよいよだね。もうすぐ帰ってこられるね」。川崎市の自宅居間に飾られているめぐみさんの一枚の写真に、早紀江さんは語りかけた。2002年9月17日朝。歴史的な日朝首脳会談が始まろうとしていた。写真の中でほほ笑む、おかっぱ頭のめぐみさんも「そうだね」と答えてくれているように感じた。数時間後、北朝鮮が拉致というむごい国家テロを認め、謝罪した。

この日午後、拉致被害者の家族たちは、日朝首脳会談での「安否情報」を聞くため、東京・外務省飯倉公館に移動した。非情な結末を予感させるように雨が降り始めた。

期待と不安が交錯する横田一家のテーブル前に、高官らしき人が近づいてきた。「大変ですね」とだけつぶやいた。涙を隠しているようなちょっと異様な表情に見えた。

弟・哲也さんは、自分の名刺の裏に手書きした。「あまり期待しない方がいいかも」。早紀江さんも胸騒ぎがした。「長いこと待たされてね。結果はとっくに出ているはずなのに。さらにあの妙な激励から、これはちょっと何か違うなって。背筋がざわざわっとしてきました」。最初に声がかかった。「横田さん、どうぞ」。

２階の小さな別室に入ると植竹繁雄外務副大臣らが待っていた。目を赤くした副大臣が断定的に告げた。

「まことにお気の毒ですが、お嬢さんは亡くなってます。女のお子さんが１人います」。死亡宣告だった。

いつ、どうして死んだのか。結婚相手は誰で、その子はいくつなのか――。家族は泣きながらいくつも質問したが、副大臣は「わかりません」を繰り返すばかりだった。

早紀江さんは振り返る。「こんなことがあっていいものかって。電気ショックなんて言葉でも足りない。一瞬、これで終わりかと思いかけた。でも直後、何か大きな力が背中を押してくれたのか、頭の中にひらめいたの。『生きている』と。この発表は間違いだと直感したんです」。

退室するとき、きっぱりと言い切った。「絶対に信じませんからね」。

次に1階に戻ってきた有本恵子さんの両親も無言だった。母・嘉代子さんと早紀江さんは、一瞬目が合い、互いに「同じ宣告」を悟った。他の家族も次々と戻ってきたが、重苦しい沈黙だけが支配していた。

生存が伝えられた蓮池薫さんの母・ハツイさんが横田夫妻に泣きながら、駆け寄ってきた。「ごめんなさい、ごめんなさい。私たちの子だけが生きていて……」

早紀江さんが声を絞り出した。「うちの子もきっと生きてますから。どうぞ喜んでください」

家族たちのすすり泣きが、この瞬間から肩を寄せ合っての号泣に変わっていった。救う会事務局長（当時）荒木和博さんはこの光景を忘れない。「一番多く涙を流されたのが、生存を伝えられた家族でした」。

午後6時前から衆院議員会館で会見が始まった。「5人しか生存が確認されなかったのは残念ですが、遠慮なさらず喜んでいただきたい」。滋さんは涙にむせび、咳き込みながら他の家族を気遣った。

早紀江さんは無我夢中だった。夫からマイクを奪い取るようにして語った。「長い間放置されてきた日本の若者たちの心の内を思ってください。日本にとっても北朝鮮にとっても大事なことです。そのため、めぐみは使命を果たしたのではないかと感じています。人はいずれ死んでいきます。本当に濃厚な足跡を残していった。まだ生きていると信じて闘っていきます」。

翌18日朝、親友の真保節子さんの自宅の電話が鳴った。早紀江さんからだった。「いい？　めぐみは絶対生きているんだからね。絶対だからね。あなたも元気だしてね」。

母の一念が、日朝間の重い扉を動かし始めた——。

早紀江さんは今、思う。「もし声を上げていなかったら……と、想像するだけでゾッとする。北朝鮮の情報がいかにいいかげんだったかにも気づくことなく、拉致は、過去の話として忘れられていたかもしれません」。

## 14　恩師の闘い

２００３年10月５日、川崎市の横田めぐみさんの両親宅でささやかな誕生会が開かれた。めぐみさんの新潟小時代の校長・馬場吉衛さんも駆けつけ、めぐみさんの思い出話に花が咲いた。だが、39回目の誕生会に「主役」の姿はなかった。

母・早紀江さんが丸いケーキに太いローソク３本と細いローソク９本を立て、火を灯《とも》した。13歳の誕生会を最後に姿を消した娘の誕生会は欠かすことなく続けられていた。

「今39歳、娘は人生の３分の２を拉致された北朝鮮で過ごした。本当につらいですね。早くめぐみと孫のヘギョンちゃんと一緒にケーキを食べられたらうれしいですね」。父・滋さんは、その場面を連想して相好を崩した。

両親は馬場さんに、未公開だっためぐみさんの娘キム・ヘギョンさんの写真を「先生だけに」と、見せてくれた。

あの日も「主役」はいなかった。澄み切った青空から銀色に光る機体がゆっくりと近づいてきた。拉致被害者が政府チャーター機で帰国、24年ぶりに家族との再会を果たした2002年10月15日、東京・羽田空港。馬場さんは「めぐみさんが一緒に乗っているのではないか」と、かすかな期待を胸に空港で出迎えた。

長く閉ざされていた日朝の重い歴史の扉が開くようにハッチが開いた。最初に地村保志さん、富貴恵さん夫妻がタラップを下りた。蓮池薫さん、祐木子さん夫妻が腕を組んで続いた。馬場さんは目を凝らしたが、曽我ひとみさんを最後に、ハッチは無情にも閉じられた。

拉致被害者5人がタラップを下りる姿を目の当たりにした早紀江さんは実感した。「拉致は本当だったんだ」。そして思った。「次こそ帰るのはめぐみの番だ」。滋さんも祈った。「次にくる飛行機には、今度こそ乗っていてほしい」。

気がつくと、あちこちに歓喜の輪ができていた。一緒に歓迎の横断幕を持っていた救う会関係者も輪に加わり、馬場さんは一人で幕を握りしめた。「やっぱり5人だけだったかと……。家族と抱き合っている姿を見ても、素直に喜べなかった」と打ち明ける。

歓迎セレモニーの開かれる貴賓室には向かわず、移動用のバスに乗り込んだ。乗車口近くの席に長身を沈め、カーテンのかかった薄暗い車内で腕組みをした。「悲しみ、怒り、むなしさ。これまでの救出運動が走馬灯のようによみがえり、切なくなった」。

「主役」のいないセレモニーが終わるまで、長い時間が過ぎたような気がした。

めぐみさんは新潟小時代、「校長先生は外国の俳優みたいで格好いい」と母親に話していた。馬場さんは卒業式で学年の最後に、めぐみさんに卒業証書を手渡したことを覚えていた。

そのめぐみさんが'02年9月17日、日朝首脳会談で「死亡宣告」された。娘の恩師は、一番悲しみのどん底にあるはずの両親から逆に励まされ勇気づけられた。「両親が生きていると信じるんだから、私も信じる」と馬場さん。

1997年、馬場さんが救出運動に加わったときもそうだ。夫妻と教え子たちが新潟市の街頭で署名を訴える姿を報道で知った。「みんな必死で応援しなきゃいけないと思った。私の大事な人たちだ。助け合い、支え合うのは当たり前じゃないか」。

'03年5月7日、東京・有楽町の東京国際フォーラム。曽我さんらが出席し、拉致事件解決へ向けた国民大集会が開かれた。

馬場さんは控室で、出番を終えた曽我さんら5人に北朝鮮でのめぐみさんの話を聞きだそうとした。「かわいい子でしたけど、あまり長く一緒にいなかったので」と曽我さん。蓮池薫さんは「あの家のことはよくわからない」と言葉を濁した。

馬場さんは訴える。「第三者には話しづらいのかと、もどかしかった。でも私もめぐみさんのことが知りたい。帰ってきて運動を終わりにしたい」。

めぐみさんをはじめ、「大事な人」みんなが、生きて帰国する日まで恩師の闘いも続いている。

## 15 日韓家族が連携

1999年5月2日、東京・日比谷公会堂。壇上には、めぐみさんの父・滋さん、母・早紀江さんとともに、韓国ソウルから初来日した女性・崔祐英《チェ・ウヨン》さんの姿があった。父を北朝鮮に拉致された崔さんは、引き裂かれた家族の悲痛な日々を訴えた。被害者家族による海峡を越えた日韓連携が、産声を上げた。

集会後、崔さんは、横田夫妻の招きで食事とショッピングに出かけた。そのとき、早紀江さんがつぶやいた言葉が忘れられない。

「今ごろ、めぐみもこんなふうに上手に韓国（朝鮮）語を話せるようになっているんでしょうねえ」。めぐみさんと、6歳しか違わない崔さんとを重ね合わせていた。

滋さんも同じ気持ちだった。「まるでめぐみが親を見たいとかけずり回っているかのようでね。けなげで……」。スカーフや財布をプレゼントした。両親にとって、あげたくとも贈ることができない娘へのプレゼントだった。見送りで夫妻は伝えた。「娘のように思っていますよ」。

崔さんは感激した。韓国へ戻る機内。父を奪われてからの苦悩の日々と、横田夫妻の温かさとが交錯し、涙がほおを伝った。

崔さんが高校1年だった'87年1月。漁船の漁労長だった父が、南北国境に近い海上で操業中に拉致された。当初韓国政府も返還を求めた。だが、同じころ、北朝鮮の一家が韓国へ亡命。北朝鮮は、その一家との「交換ならば応じる」と条件を出してきた。韓国が拒否すると報復として父は抑留されたままになった。

その後は偏見や差別にも苦しめられた。「スパイになった」「生活苦で逃げ出したんだ」。就職にも影響するため、いつしか、父のことは口に出さなくなっていった。

大黒柱を失った母は、女手一つで牛骨や内臓を煮込んだスープが自慢の小さな食堂を始め、崔さんと弟を大学にまで進ませてくれた。「おしゃれだった母が、黒い服しか着なくなった。『派手な色を着る気になれない』と毎日泣くばかりだった」と崔さん。

ある日、「政治犯強制収容所」に父が入れられたとの情報が崔さんに届いた。どうにもならない焦りの中、方々を回った末、日本の家族会と支援団体を紹介された。崔さんは、チラシやプラカードを手作りし、政府や世論に訴えていく方法などを教えてもらった。

さっそく、同じ境遇の人々に呼びかけ、２０００年春に北朝鮮による拉致被害者家族の「拉北家族協議会」を結成。さらに朝鮮戦争中に拉致された父を持つ李美一《イ・ミイル》さんたちも「戦争拉北人士家族協議会」を立ち上げた。救出の輪は韓国でも広がるかのように見えた。だが――。

韓国の拉致被害者は政府認定だけで486人。朝鮮戦争中に拉致されていった民間人も8万人以上にのぼる。ただ、1000万人とされる南北の離散家族問題が大きすぎ、拉致問題は陰に隠れてしまっているのが現状だ。

そのうえ、2000年6月の南北首脳会談以降、今も続く「太陽（包容）政策」で、拉致被害者にはいっそう政治と世論の光は当たらなくなってしまった。李さんは語る。「いくら声を出しても届かない無力感、高齢などで会を離れる人もいる」。

崔さんも最近、母に言われた。「もう私はいいから、胸の中で耐えるから……」。もう運動を離れて、あなたはあなたで家庭で小さな幸せを築きなさい」。それでも崔さんは、父にもう一度会うため、救出活動を続けていくつもりでいる。横田夫妻から、時折届く激励の手紙や電話が、大きな心の支えになっているからだ。

滋さんは語る。「日朝首脳会談前は、日本も関心が薄かった。つらいでしょうが、韓国の方々もこれからだと思う。手伝えることがあれば何でもしたい。被害者家族の気持ちは、どこの国でも同じですから」。

'03年5月、崔さんと李さんらが来日。6月には横田夫妻ら日本の家族が訪韓し、被害者の全員救出に向けて日韓共闘をアピールした。同じ境遇の家族が痛みを共有し立ち上がった。

## 16　広がる署名活動

「ふつうの生活、何事もない毎日が何よりも幸せなのですよ」。母の言葉に生徒たちは背筋を伸ばした。'03年2月3日、東京都立川市の第七中学校。めぐみさんの父・滋さん、母・早紀江さんが講演で切々と親心を訴えた。娘を捜し続けた苦悩の日々、今も待ち続ける思い……。会場の体育館からはすすり泣きが漏れた。

同中2年の渡辺美奈代さんは感動を振り返る。

「以前は親の気持ちを想像したことはなかった。嫌なことがあると、どこかへ行ってしまいたいと考えもした。でも今は、とてもできません」

講演のお返しに生徒たちは、花束と激励の合唱をささげた。滋さんは生徒たちをじっと見つめ、目を真っ赤にした。早紀江さんも同じ気持ちだった。「めぐみが13歳のころ着ていたような紺色の制服を見るだけで、もう切なくなってね」。

翌日から、生徒の間で次々に声が上がり始めた。「人ごとじゃないよ」「一緒に署名活動したい」「手紙で励まそう」。同中教諭の佐藤佐知典さんも、教え子たちの姿に胸が熱くなった。

事件発生の1977年当時、佐藤さんは高校3年生。新潟市で受験勉強に励んでいた。父親は、滋さんと同じ日銀新潟支店勤務。妹は、めぐみさんの同級生だった。「あの明るい子がなぜ。妹も直後に同じ道を歩いていた。あと一歩で同じ立場になった。でも何もできない」。心の奥にわだかまりをずっと引きずっていた。

八王子市の中学校に勤務していた'97年、「北朝鮮にいる」と判明。長年の悔しさを晴らそうと、新潟の救う会や横田夫妻と連絡を取り、東京の多摩地区を中心に署名活動を始めた。

当時は漠然と「怖い」といった不安を持つ人が多かった。保護者の同意を得た生徒を連れ、横田夫妻と一緒に街頭に立った。

佐藤さんは回想する。「顔は見えないが、遠くから『拉致なんかうそだぞ』『やめろー』と聞こえてきた。きっと横田さんも気づいたはず。それでも聞こえないふりをして黙々と訴え続けていた。ご両親のあの姿を見たら、もう解決するまで自分もやるしかないなと。そう誓いましたね」。

妨害はそれだけではなかった。「人権」を掲げる教職員グループから反対が出た。「生徒をイデオロギーに巻き込むな」「在日朝鮮人への偏見を助長する」。

佐藤さんは、首をかしげた。在日の子も多く受け持ったが、クラスで差別や偏見につながりかねない態度の生徒を見かけた際は、しかりつけてもきた。「人権とは、どんな立場、どんな少数でも、弱い人を守ってあげるもの。すべてが大事。なぜ、めぐみさんの問題だけ、あんなにナーバスになるのか」。

ほどなく佐藤さんは立川市へ転任。苦い経験から、周囲に救出活動について語らなかった。一人で街頭に立つ日が多くなった。6年間で200回近くになった。

孤独に打ちのめされたときは新潟を訪れ、拉致現場から日本海を歩いた。「めぐみちゃんの方が、ご両親の方が、何百倍もつらいじゃないか」。勇気を奮い起こした。

2002年9月、北朝鮮が拉致の事実を認めた日朝首脳会談後、世論が一変した。同僚や生徒にも拉致問題への理解が深まった。

11月30日。小雨がぱらつく中、教師と生徒たちが一緒に街頭に立った。生徒をねぎらいながら署名する人が多かった。だが、「あんたら、本当に生きてるかわからない人のために、何で苦労するの」と嫌みを言う年配者もいた。

同中2年池田悠香さんは負けずに言い返した。「私たちは生きていると信じてます。だから動いているんです」。

早紀江さんは語る。「めぐみと同じ年ごろの生徒さんたちの真心がうれしい。将来を担う若者が拉致に関心を持ち、本当の人権とは何かを考えて下さっている。少しずつ日本はいい方向に変わる。そう願っています」。拉致事件が今、「人権教育」のお手本になっている。

## 17　孫娘に募る思い

川崎市の横田めぐみさんの父・滋さん、母・早紀江さん宅の押し入れに入っている四つの「めぐみ箱」。浴衣や教科書、アクセサリーなど26年前の香りがそのまま、ぎっしり詰まっている。めぐみさんが帰国した際に、見せてあげられるように時折、日干しして、大事にしてきた。

箱の中には、１９６４年10月５日に名古屋市の病院で生まれた時の「へその緒」、子どものころにめぐみさんの髪の毛で作った「ヘアピース」も入っている。

２００２年９月17日の日朝首脳会談で、突然孫娘のキム・ヘギョンさんの存在を知らされた。そのときはまだ本当かどうかわからない。ＤＮＡ鑑定をする際、へその緒とヘアピースを取り出し10月４日に外務省の診療所へ持っていった。

早紀江さんは語る。「まさか、こんなことに使うことになるとはねえ。いろいろな不思議なことに遭遇してきましたが、人生には、実に何度もびっくりさせられます」。

実際には、血液検査だけでほぼ確定的な情報は得られたが、これらが裏づけに役立った。

２００２年10月２日、政府調査団が持ち帰ったヘギョンさんの写真を夫婦は手にした。「鑑定結果が出るまでは、表向き黙ってましたが、もう見た瞬間、ああ孫だなと。そう感じました」と

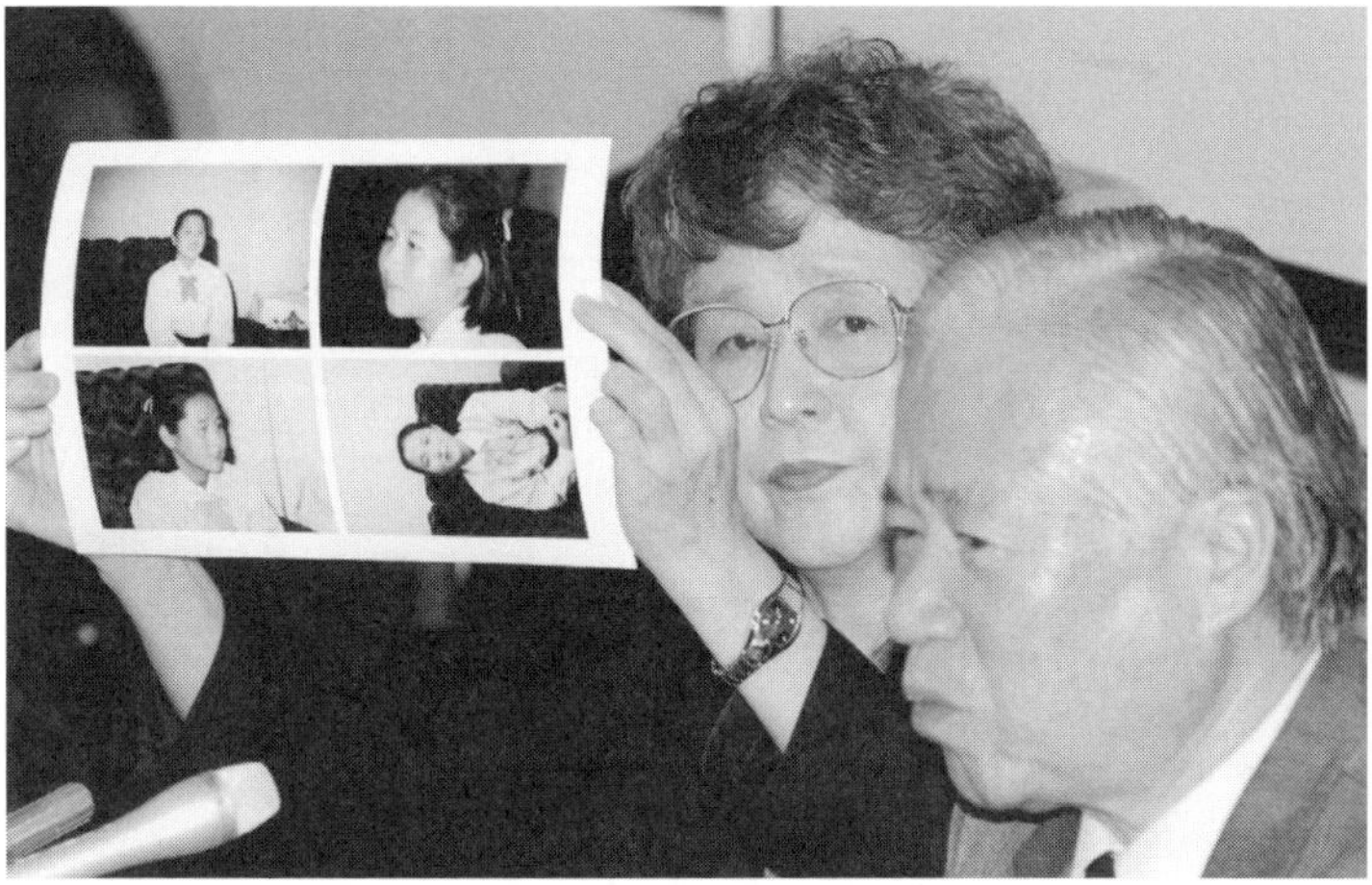

DNA鑑定の結果、めぐみさんの娘で孫娘と確認されたヘギョンさんの写真を掲げる早紀江さんと滋さん（2002年10月24日、東京・永田町の衆院第二議員会館）

早紀江さん。

夜、夫婦は語り合った。「めぐみを少し面長にした感じかな」「あなたの妹さんにそっくりでは」。親戚にまで思いめぐらせながら「似ているなあ」。

３週間後の24日、鑑定の結果、正式に孫娘と判明した。

早紀江さんはしみじみ語る。「これまでもめぐみが北朝鮮にいるという話はあったが、手がかりはなく、幻のようだった。それが実証された。めぐみはつらい人生の中で、ちゃんと新しい命をはぐくんでいてくれた。物語の世界にいるような、不思議な感動でした」。ただ、次々と疑問が浮かんだ。「父は誰か」。

北朝鮮発表では、夫とされるキム・チョルジュ氏は朝鮮人だった。当初、夫妻は不思議だった。「帰国した（蓮池さん、地村さん）両夫妻は日本人同士なのに、なぜめぐみは……」「発表自体がうそで、本当は拉致された日本人なのか」。

だが今、夫婦は想像を広げることをやめた。「わからないことを憶測し始めると無限大。くるくる旋回して、また戻ってくる。だからもうやめた。めぐみがあの国に住んでいて、血のつながった孫娘がいる。その事実をかみしめる。今はそれだけです」（早紀江さん）

２００２年10月15日。拉致被害者５人が帰国する際、平壌・順安空港にへギョンさんも見送りにきていた。これは日本政府側も予想外だったため、とっさに関係者の一人が、雑誌に載っていた夫妻の写真を切り抜き手渡した。へギョンさんは大事そうに受け取った。来日を誘うと、会いたい表情を見せながらも「週末は学校があるので。会いにきてほしい」と答えたという。

こんなへギョンさんの様子が伝わってくるにつけ、夫妻の孫に会いたい思いは募る一方だ。

しかし、最近は、へギョンさんのことは夫婦だけのときは口にしない。話題にすると、滋さんの「孫に会えるだけでもプラス。さらに夫とされる男性に会えばいろいろなことを確認できる」とする考えと、早紀江さんの「時期を慎重に見定めるべきだ」との訪朝の是非をめぐる意見が対立。論争になって重い雰囲気になってしまうからだ。

'02年10月、夫妻は孫娘へ募る思いを手紙につづり政府に託した。だが、返事はなかった。「ちゃんと届き、読んでもらえたのか……」。不信と不安感が交錯する中、今は耐え続けている。

## 18　命がけの全国行脚

「○月×日、長崎市で講演会」――。川崎市の横田めぐみさんの父・滋さん、母・早紀江さん宅居間にかかる2003年カレンダーには、小さな文字で予定がびっしり書き込まれている。北海道から九州、そして米国、韓国へ。まるで解決に向けた夫妻の「闘争日誌」だ。

「余白の日」は、全国から届いた激励の手紙の山への返事をつづる。「関心を持っていただけなかった時代を思えば今、耳を傾けてもらえるのは本当にありがたいことで」。多忙だが、滋さんは笑顔を忘れない。

一方、予定が入り始めた'04年のカレンダーを横目に、早紀江さんの胸中はちょっと複雑だ。「願いは一日も早い解決。半年先、1年先に『……会に参加』と書き込むと、そのころもまだ解決できないままかしら、と重い気分になって……」。でも現在、全国で広がる支援の輪が何よりの励みだ。

北朝鮮が拉致を認めた'02年9月17日以降、救出活動に批判的だった人までが夫妻に謝罪し、支援を誓う場面も出てきた。在日コリアンの人権問題に取り組んでいる在日一世の呉崙柄《オ・ユンビョン》さんもその一人。'03年7月に拉致問題を考える集いを企画した。

「拉致はずっとでっち上げだと考え、周囲にもそう伝えてきた。だが今、会わす顔がないと逃げるのではなく、少しでも（北朝鮮に）近い立場の人たちが、声を出すことが大事だ」

在日たちの声を、滋さんは歓迎する。「民族や立場を超えて、温かい気持ちになっていただけたら、これほどうれしいことはない」。

早紀江さんは、この6年間、北朝鮮問題について多くを知った。北朝鮮の金正日《キム・ジョンイル》体制の下、飢えに苦しむ民衆。帰還事業で帰国した身内が「人質状態」となった家族。「すべて現体制による被害者ではないでしょうか」。教会で祈る際も、拉致解決に加え「北朝鮮の民衆に光を」と念じるようになった。

'03年8月下旬、7ヵ月ぶりに新潟西港に入港した北朝鮮の「万景峰号《マンギョンボン》」に向かって、早紀江さんは叫んだ。「日朝間の真の友好を結びたいのです。そのためにはまず、人道問題である拉致を解決しましょう」。

夫妻は今、送金停止などの経済制裁や、北朝鮮籍船の入港制限など現体制への「圧力」によって早期解決すべきだとの考えだ。背景には、拉致をめぐる膠着状況への苛立《いらだ》ちがある。

家族たちの訴えと歩調を合わせるように、政治や世論の風向きが変わったかに映る。11月の総選挙前は、全候補者を対象とする経済制裁法案の立法化を問うアンケートを実施。多くが「賛成」と回答した。与野党とも立法化に向けて動き始めた。

一方、影響力が強いだけに、「政治的だ」との批判的な声が聞こえてくる。

弟の拓也さんは、両親の気持ちを代弁する。「本来なら拉致という国際的な問題は、国が全力で解決に動くべきこと。悲しいかな、当事者意識がないままだったから、家族が前面に立たざるを得ないだけ。本当は言う方だってつらいんです」。

夫妻が全国を飛び回る姿は、まさに「命がけ」だ。

滋さんは'02年、過労で、鼻血を出して座り込んだ。「実際に解決していくのは政治だが、政治を動かすのは世論の力です。今、大勢の方々が応援してくださるが、声を出さなくなったら、またすーっと冷めてしまうのではないか。それが心配なんです」。父を駆り立てたのは、「事件を風化させない」との一念だった。

時々、心臓の具合が悪くなり、眠れない日もあるという早紀江さんは、北朝鮮の死亡情報を信じない。

「あの子は、自殺なんてそんなむごい死に方をするはずはない。きっと助けを待ち続けている。そう信じています。だから、親としてできることはすべてやってあげたい。後悔だけはしたくない。これからの人生は希望なんです」

# 第2章　めぐみは生きている　検証編

日本海の冷たい潮風がほおを打つ、なだらかな坂道に、新潟市立寄居中1年の横田めぐみさん＝当時（13）＝が北朝鮮工作員に拉致された現場はある。１９７７年11月15日、忽然《こつぜん》と消えた少女の足取りを追い掛け、県警捜査員は、26年という「時間の壁」と闘っている。

県警は昨年10月、警備部外事課を主管とする70人態勢の捜査本部を設置。捜査資料の見直しや関係者への聞き込みを続ける。めぐみさんの同級生やその家族には転勤者が多く、捜査員も県外を飛び回るが、捜査は難航している。

事件前後の不審者や車の目撃、めぐみさん周辺の様子。関係者は懸命に記憶の糸をたぐるが、「昔のことなので…」と途切れてしまう。「あのころ」の記憶はあっても、「あの日あの時」かどうかは定かでない。

捜査員の一人は「結局は事件当時も聞いた話の温め直し。違った視点でも聞いているが、26年も前の話だし、正直厳しい」と打ち明ける。

北朝鮮でのめぐみさんを知る曽我ひとみさん（44）ら拉致被害者本人に対しても、家族の帰国までは詳しい話をできないという配慮から、事情聴取はまだ行えない状況。

記憶という断片的な捜査の「点」が、いつか「線」「面」となって実行犯を追いつめる日は来るのか――。捜査本部長の中西達雄警備部長は「事件解決のためにも、めぐみさんに必ず生きていてもらわなければならない」と語った。

めぐみさんは、なぜ狙われたのか、北朝鮮で何をしていたのか、県警はどうして拉致と分からなかったのか。元工作員らの証言を交えながら、めぐみさん拉致事件の「なぜ」を検証する。

## 1　工作員は見られていた!?

「彼女を平壌《ピョンヤン》で見た」――。１９９７年、元北朝鮮工作員の証言によって横田めぐみさんの拉致は明らかになった。この章では事件を振り返りながら、北朝鮮は、なぜ日本人拉致という国家犯罪に走ったのか、めぐみさんはなぜ狙われたのかを検証する。

めぐみさん拉致は偶発的だったのか。偶発説の根拠は、北朝鮮の元工作員安明進《アン・ミョンジン》氏が工作員教育を受けた「金正日《キム・ジョンイル》政治軍事大学」の「丁《チョン》」教官の話からだ。

丁教官は部下２人とともに３人で新潟に上陸。無線機で交信している姿をめぐみさんに目撃され、警察などへの通報を防ぐためやむを得ず拉致したと、かつて安氏たちに語った。

しかし、今、安氏は丁教官の話に疑問を抱いている。成人女性を狙って間違えたとみている。

「成人を拉致するつもりが、暗闇の中で、しかもめぐみさんは（北朝鮮の水準で考えると）背が高かったので、大人と間違えたのではないか。教え子（安氏ら）には見栄もあったため、自分の失敗を隠し、うそを語ったのでは」

安氏は、亡命後に新潟を訪れた際、警察犬が立ち止まったとされる現場を見て「無線交信するような場所ではない」と、「うそ」の確信を深めたという。

では、どの程度まで対象を絞っていたのか。

拉致された可能性を排除できない数百人もの行方不明者を調べている民間機関「特定失踪《しっそう》者問題調査会」の荒木和博代表も「多くの失踪者と比較しても、13歳前後の少女というケースは極めて少ない。さらに両親も健在で、いなくなったら大騒ぎになることが容易に想像がつくめぐみさん個人をわざわざ狙うはずがない。一般的な若い女性をさらったつもりが、たまたま中学生だったのでは」と推察する。

当時、こんな出来事があった。めぐみさんが拉致される少し前に、現場近くで女子高校生が2人組の男性とすれ違った後に、彼らがUターンして後をつけてきた。不審な白い乗用車の目撃情報も複数ある。

これらの情報に着目する荒木代表は「すべての出来事が拉致と関連しているかは別として、夕方から暗くなるまで周辺の地理を確認しながら対象を物色していたのではないか」とみている。

２００２年9月の日朝首脳会談で初めて北朝鮮が認めた拉致事件。そもそも日本人拉致の目的は何だったのか。

元工作員安氏は「拉致自体は１９６０年代からあったが、本格化したのは'74年に金正日総書記が、対南（韓国）工作部門を掌握してからだ。彼が現地人化の徹底を指示した。'70年代後半から日本をはじめ各国から現地の人間が数多く教官役として拉致されるようになった」と証言する。

東京基督教大の西岡力教授も「拉致の大きな目的は、日本人化教育の教官を獲得するためだ」と強調する。

また、現代コリア研究所の佐藤勝巳所長は「若い女性の場合、拉致された男性への『嫁候補』として拉致したケースもある」と指摘する。

北朝鮮への留学経験を持つ関西大の李英和《リ・ヨンファ》助教授は「日本潜入の証し」が理由とみる。「工作員が、警備が厳しい韓国へ潜入する前段階の訓練として、日本に潜入させられた。その際、潜入に成功した証拠として人をさらってくるよう命じられた。海岸近くを軽く物色し、目撃者がいないなど状況を確認した上で、目についた日本人を拉致していった」。

発生は１９７７（昭和52）年11月15日。横田めぐみさんはバドミントン部の練習を終えた午後6時半すぎ、チームメート2人と一緒に校門を出て、同市水道町の自宅へ向かった。

１人とはすぐに別れた。海岸方向へ２００メートル坂を上った四つ角で、もう１人に「バイバイ」と言って別れた後、消息がわからなくなった。

めぐみさんはそのまま交差点を直進したとみられる。警察犬による捜査では、通りから自宅方向へ左折する丁字路よりも手前で足取りが途絶えた。自宅までわずか200メートルだった。'97年、元北朝鮮工作員安明進氏らが実行犯から聞いた話として犯行状況を明らかにした。それによると、海岸から脱出しようと待機していた工作員2人が、迎えの小型船と連絡を取るため無線機でひそひそ話をしていたところを、めぐみさんに見られた。

2人は警察への通報を恐れ、「とっさの判断」でめぐみさんを拉致。口をふさいで海岸へ連れて行き、もう1人の工作員と合流、小型船から母船に乗り継いで北朝鮮・清津《チヨンジン》へ向かったという。事件当時、現場周辺で白い車や不審者を見たとの目撃情報や、工作船がエンジンをかけるときのような「ドン」という爆発音を聞いたという証言があるが、有力な手がかりには結びついていない。

## 2　警察庁から伝えられなかった情報

横田めぐみさんが北朝鮮にいることが明らかになった1997年初め、新潟中央署の書庫から大きな段ボール箱が一つ運び出された。中は一部が汚れたり、破れたりしたB5判の書類。めぐみさんが行方不明になった当時の調書や写真、図面などの捜査資料だった。発生から約20年の歳月が、鉛筆書きを所どころ薄く変色させ、事件の風化を物語っていた。新潟県警はなぜ、北朝鮮による「拉致」とわからなかったのか。もっと早く捜査する手だてはなかったのか。

'96年12月14日、新潟市。佐藤勝巳・現代コリア研究所所長の講演会後の懇親会で佐藤所長が「13歳の少女が北朝鮮にいる」と話し、これを聞いた県警関係者が「めぐみさんだ」と騒然となった。だが今、捜査幹部は「あの時点で警察は（めぐみさんが北朝鮮にいると）知っていた」と明かす。

懇親会出席者の一人は述懐する。「佐藤氏の話は韓国に亡命した工作員が国家安全企画部（安企部）に供述した内容。民間人が知っていることを、警察が知らないはずがない」。

警察庁からの極秘情報は県警本部長、部長を飛び越え課長へ「ホットライン」で伝達されることが多いという。関係者の話を総合すると、めぐみさん情報は安企部から警察庁にもたらされ、県警にも内々に伝えられたもようだ。しかし、元外事課長はラインの存在を認めながらも、「めぐみさんの話は聞いていない」と語る。

一方、外事課周辺には「めぐみさんは北朝鮮にいるのでは」という噂《うわさ》が'80年代前半から流れていた。

根拠は、めぐみさん事件の翌'78（昭和53）年に新潟、福井、鹿児島の3県で起きたアベック失踪事件との関連や「あれだけ捜査したのだから、ほかに考えられない」という消去法の見立てからだったという。

北朝鮮の関与を漠然と疑いながら、なぜ捜査は動かなかったのか。元外事課捜査員は「噂だけで警察は捜査できない」と強調。元幹部は「確固たる証拠がなければ、旧社会党などにでっち上げと追及される。安易に動ける時代ではなかった」と当時の政治状況を打ち明ける。

警察庁がめぐみさん事件を「拉致」と認定した'97年5月以降も、県警はポスター製作など広報活動に力を入れたが、捜査現場の動きは鈍かった。この前後の外事課幹部は「北朝鮮だとわかったとしても外国だし国交もない。捜査しようにも、どうしようもなかった」と口をそろえる。

2002年の日朝首脳会談で北朝鮮が拉致を認めたとはいえ、事件解決の道筋は見えない。捜査関係者は、「金正日（総書記）が自白したって、被害者（めぐみさん）も出てこなければ証拠もない。捜査は何も進んでいない」と吐露。忸怩《じくじ》たる思いをにじませた。

県警捜査本部長の中西達雄警備部長は「（蓮池薫さんら）被害者の家族が帰ってきてくれれば、彼らの証言を得て捜査は進む」と日朝交渉の進展に期待を寄せた。


事件に北朝鮮の影はなかったのか。日本海には'60年代から、北朝鮮の工作船とみられる不審船が頻繁に出没、交信電波がキャッチされた。日本への工作員の潜入・脱出が狙いとみられ、県警も沿岸に目を光らせていた。めぐみさん事件と同じころにも、不審船を指す「コリアン・ボート」（KB）情報が流れた。

こうした対外国関係の担当は県警本部の警備部外事課。元外事課長は「不審船の電波なんか、毎日のように飛んでいた。だが、実際に船を発見できたわけではないし、目的は工作員の潜入・脱出。人をさらっていくという発想がなかった。まして少女を狙うなんて」と打ち明ける。

一方、事件2ヵ月前の'77年9月19日には石川県の海岸から東京都の警備員久米裕さん（当時52歳）が拉致され、手引きをした男が逮捕されていた。

だが、これらの情報は警察庁から、県警本部や新潟中央署に伝えられることはなかった。当時の署長・松本瀧雄さんは「あの日、不審船情報があったとは聞いていない。石川の事件もまったく知らなかった」と証言する。

松本さんは外事課長経験者。事件当時は「北朝鮮による拉致とは、まさか考えもしなかった」とした上で、「具体的な情報があれば、もっと違った態勢が取れたのだが」と悔やむばかりだ。

めぐみさん行方不明の連絡があった'77年11月15日夜、新潟中央署は全署員を非常招集した。身代金目的の誘拐か、少女を狙った連れ去り事件か。県警本部の刑事部捜査1課と連絡を取りながら、最大220人態勢で捜査を始めた。

翌16日には機動隊760人を投入、大がかりな捜索を開始。バドミントンの練習帰りだったため、赤いスポーツバッグやラケットなどの遺留品発見に全力を挙げた。

廃屋のホテルや松林、海の消波ブロック……。1ヵ月間で計1000人を動員、角田山まで範囲を広げた大捜索も空振り、物証は発見できなかった。

警察犬の追跡捜査で、足取りが通学路で突然消えたため、「車に押し込められたのではないか」との見方があった。だが、車や不審者の目撃情報は浮かんでは消えた。

「まったく手がかりのない不思議な事件。昔の言葉でいう神隠しだった」。当時の同署捜査キャップは振り返る。

当時の捜査資料を引き継いだ元署長が「すごい捜査だ」と評した総力戦にもかかわらず、刑事捜査は次第に先細りになった。当時の署長・松本さんは「できることはすべてやったが力及ばず、横田さんには本当に申し訳ない」と語る。

## 3 「めぐみさん生存」の根拠

「横田めぐみさんが生きている可能性は十分にある」――。安倍晋三官房副長官（当時）は2002年11月、新潟日報社の取材にこう言い切った。北朝鮮発表では「うつ病による自殺」とされたが、情報には、いくつもの疑問点が浮かび上がる。さらに'03年に入って「金正日総書記一族の周辺で家庭教師をしている」といった生存情報も飛び出した。めぐみさんの家族は確信している。「今も必ず生きている」と。その根拠を探った。

〈遺骨、台帳〉

「日本の世論を見て、つじつま合わせに必死になっているという印象だ」。現代コリア研究所の佐藤所長は、'02年9月の日朝首脳会談以降、北朝鮮が出してきた数々の「死亡」情報に首をかしげる。

会談直後に、被害者家族や救う会関係者の間で「もし本当に死んだというならば、遺骨など証拠を出すべきだ」「遺骨をDNA鑑定して確認する必要がある」という声が上がった。これらを世論に訴え始めると、北朝鮮は即座に反応を示した。

死因を「うつ病による自殺」とした上で、遺骨はいったん病院の裏山に埋葬したが、夫とされるキム・チョルジュ氏が別の場所に移動したと発表。今なお墓の場所は不明としている。佐藤所長は「政治犯強制収容所に入れられた一般民衆ならば遺体は粗末に扱われ、遺骨が残っていないケースはありうる。だが日本人拉致被害者は、北朝鮮にとって貴重な存在である上に機密事項。万一、死亡したとしても管理は徹底しており、遺骨が残っていない状況はあり得ない」と解説する。

ではなぜ遺骨が出てこないのか。「めぐみさんは、拉致事件の象徴的存在。日本国民が納得できる明確な証拠を示せば、世論が軟化することは北朝鮮も十分承知しているはずだ。それでも提示できないままだ。結局、事実でないから証拠を出しようがないという単純な話だ」（佐藤所長）

「うつ病による自殺」について佐藤所長は「元工作員の証言で『少女は朝鮮語を覚えたら日本

に帰すと約束されたにもかかわらず、かなわないと知って一時ノイローゼになったという』となっている。こうした日本で一般的になっている文献をもとに創作したストーリーにすぎない」とみる。

また、北朝鮮が〝証拠〟とする「患者台帳」の表紙が「入退院」から「死亡」に書き換えられた痕跡があった。さらに台帳の通し番号も、めぐみさんの段とその下の段だけ、同じ番号だった。父・滋さんは「偽造したとしか思えない。とても納得できない」と語る。

〈説明できない理由〉

現在も北朝鮮は、1987年の大韓航空機爆破事件などテロ事件への関与を否定し続けている。拉致についても「部下が勝手にやったことで、金正日総書記は関与していない」という姿勢は崩していない。

東京基督教大の西岡教授は「大ざっぱに言えば、テロ事件につながる証言があった拉致被害者を死亡とし、目撃情報がなかった被害者だけを生存とした」と語る。

北朝鮮としては、拉致自体は認めても、テロ活動と金総書記の拉致関与だけは否認しなければならない事情がある。「テロ支援国家」とされる中、爆破事件なども認めたら、米国など国際社会に一段と追いつめられるのは必至だからだ。

「死亡と生存」を分けた背景について西岡教授は「元工作員安明進氏の証言を打ち消す意図が

あった。安証言は、金正日の拉致関与に言及しているからだ」と分析する。１９９７年以降、安氏は「テロに関与する工作員養成所の金正日政治軍事大学で語学教官だっためぐみさんを何度も見た」と証言している。

「めぐみさんが帰国したら、工作員養成所についていろいろ質問され、ついにはテロ国家の実態が明らかになってしまうのでは。このことを北朝鮮は最も恐れている。そのため『死亡』と言い切ることで幕引きを図った」と西岡教授は言う。

〈宮殿敷地内に〉

北朝鮮発表ではすでに死んでいるはずの１９９７年に、当時の橋本政権の中枢にいた人間が、金正日総書記側近から「めぐみさん生存」を非公式に伝えられた。

元工作員の安明進氏は２００３年、複数の工作員情報として「金正日一族の家庭教師役として宮殿に移った」と証言。「ロイヤルファミリーの内実まで知っためぐみさんを表に出すわけにはいかない。ただし、金正日自身や子どもたちとも親しい人間を殺すことはあり得ない。今も宮殿の敷地内で生きている」と言い切った。

関西大の李助教授は、めぐみさんの娘のキム・ヘギョンさんへのインタビュー報道を見て、「めぐみさん生存」の確信を深めた。

「聡明な娘さんという印象を受けた。おじいさん、おばあさんに会いたいと涙を流すほど感受性も豊か。それなのに、母・めぐみさんの死については比較的淡々と答えていた。つまり『ああ、生きているから、心がぶれないのだな』と安心した。北朝鮮当局の事前指導で、めぐみさん死亡に関する受け答えは一貫性があったが、一瞬の表情までは隠せない」

また「墓」の面からも死亡情報に李助教授は疑問を持った。「儒教文化の北朝鮮は、祖先を大事にする。それなのにお墓の場所がわからない、お墓参りしたことがないというのは極めて不自然だ。ヘギョンさんの口から『めぐみさん死亡』を事実にさせようとする当局の思惑がはっきりした」。

# 第3章　息子よ娘よ　蓮池事件 証言編

## 1　親子2代子どもと離れ離れ

北朝鮮による拉致被害者の蓮池薫さん（46歳＝2004年1月当時＝以下同）、祐木子さん（47歳）夫妻は、柏崎市の実家で帰国2度目の正月を迎えた。だが、長女（22歳）、長男（18歳）の姿はない。北朝鮮で親子水入らずで過ごしてきた正月は今年も、海を隔て遠く引き離されたままだ。

「寂しいお正月です」。祐木子さんは2003年末の会見でうつむいた。

薫さんは語気を強め訴えた。「今年の正月は駄目だけど、次の正月こそ一緒に過ごせるだろうなんて悠長なことは言いたくない。今すぐにでも解決してほしい」。

帰国から1年余、何ら進展のない日朝の話し合いに、いらだちを募らせながら、子どもの帰国だけを祈る新年だ。

子どもへの思いを押しとどめられず、祐木子さんが弱気になることがある。薫さんは「泣くな。弱みを見せるな」と言う。だが、そんな時、薫さんの母・ハツイさん（71歳）は「母親には泣きたいときだってある」とかばう。自分も24年間、台所で、布団の中で涙を流したからだ。父・秀量さん（76歳）も無言で耐えながら、薫さんのジャケットに何度も手を通しては、息子のぬくもりを確かめた。

祐木子さんの父・奥土一男さん（76歳）も、娘のことを「深く考えると病気になってしまう」ほど心配し続けた。２００３年8月に亡くなった妻シズエさん（当時・73歳）と一緒に、身を削る思いの日々を重ねた。

拉致事件は、蓮池、奥土両家の親子を引き裂き、家族の心を翻弄《ほんろう》した。

「おれはプラス思考で生きてきた」。薫さんは兄・透さん（48歳）に語った。北朝鮮での生活を尋ねたときだった。

１９７８年の拉致直後、現実を受け入れることができなかった。北朝鮮の招待所で目が覚めるたび、天井を見つめ不思議な思いに駆られた。木の梁《はり》が見える実家でも、東京のアパートでもなかったからだ。

「これは日本じゃない。きっと夢だ。なんで夢から覚めないんだろう。覚めろ、覚めろ」と、何度も念じたが、目覚めることのない悪夢だった。

3年間、日本から助けがくると信じた。だが次第にあきらめた。「プラス思考」が始まったのはそこからだった。

「おまえのプラス思考って何なんだ」。兄の問いに、弟はぽつりと語った。「日本に帰りたいなんて考えないことだ」。

「それがプラス思考かよ」。愕然《がくぜん》とする透さんを横目に、薫さんは続けた。「できもしないことを毎日考え、望んでも、狂って死ぬしかない」。

透さんたち家族は「いつか必ず会える」とプラス思考で生きてきた。薫さんは逆だった。絶望のふちを前に、日本人としての人生を捨てることで生きる道を選んだのだ。

透さんは語る。「彼らは自分たちの生活をその時点（拉致）で捨てた。では何を支えに生きてきたのか。子どもへの愛情、成長の喜び、将来への期待、すべて子どもなんです」。2人は子どもだけを精神的な支えに、過酷な日々を暮らした。

拉致されてから約2年後、互いに日本にいると信じていた2人は引き合わされ、結婚した。「溺れていた人間が助けられたような心境」（薫さん）だった。

1年半後には長女、さらに3年後には長男が生まれた。子どもは小学生のころから寮生活で、会えるのは正月を含めて年に数回。その数回が何よりも楽しかったという。

薫さんたちの帰国後、透さんは「子どもと離れ、2人は心配では」との取材に、「寮生活なので離別には慣れているようだ」と答えた。

だが２００３年３月、薫さんに言われた。「兄貴、あれは違うぞ。離別生活が続けば愛情は強くなる。会えたときの喜び、離れるときの寂しさ、悲しさといったら他にない。だから、おれたち親子の絆《きずな》は人並み以上なんだ」と。

## 2 親友の死忘れず

２００３年2月11日の夜だった。薫さんは近所の家に一本の電話をかけた。「今日は伸ちゃんの命日ですね。伺ってもいいですか」。薫さんが家族に「伸ちゃんの命日だ」と告げたのは、午後9時ごろのことだった。

「夜も遅いし迷惑になる。やっぱり明日にしようか」と薫さんはためらったが、電話をすると伸ちゃんの母から「明日よりも、今日の方が仏様も喜ぶ。ぜひいらしてください」との答えが返ってきた。

父・秀量さん、母・ハツイさんは、じっとその姿を眺めていた。

「薫は、北朝鮮でも伸ちゃんのことをずっと考えていたのだろうか」。二度と会えない幼なじみと遊んだ大切な思い出を、北朝鮮でも胸の奥底に大切にしまい込んでいたことがわかったのだ。

北朝鮮での24年間を挟んで事故から37年。子どものころと変わらない優しさが垣間見え、驚きと同時に、うれしさが父母の心を満たしていった。

伸ちゃんは、薫さんが幼いころ大親友だった男の子。家が近く同い年で、いつも一緒に遊んでいた。

１９６６年2月11日、時折、雪が降っていた。小学2年生の伸ちゃんは、学校からの帰り道、薫さんと別れた直後にトラックにはねられた。薫さんの目の前で一瞬のうちに親友の命が奪われた、痛ましい事故だった。

薫さんは、三十数年ぶりに友人の位牌に手を合わせた。「僕の頭の中にはいつも伸ちゃんがいたよ。一日も忘れたことはありません」。小さなろうそくが燃えつきるまで、幼い日の思い出を語った。

伸ちゃんの母はあふれ出る涙で目の前が真っ白にかすんだ。「カオちゃんは頭がよくて、素直で、気持ちの優しい子。（拉致されて）大変だっただろうに、昔と全然変わらない……」。伸ちゃんの事故の2年ほど前の'64年5月、1年生だった薫さんが、あわや両足切断の大事故に遭った。

その時の手術の傷跡は、帰国する際、日本政府に、自分が「蓮池薫」だと証明する身体的特徴として、真っ先に見せたものだ。

「カオちゃんが歩かんねーなった。かわいそうだからおれは入らん」。当時薫さんを見舞った伸ちゃんは病室のドアにしがみついて泣きじゃくり、頑として入ろうとしなかった。

その傷がようやく癒えたころの伸ちゃんの死。薫さんは、慰霊祭で伸ちゃんの遺影を持ち、事故現場に花を手向けた。

'03年5月。伸ちゃんの母が蓮池家を訪れた際、薫さんが気づき、庭先を掃いていた妻・祐木子さんをそっと促した。「ほら、伸ちゃんのお母さん」。祐木子さんはさっと顔を上げ、「ああ！どうも、ごめんくださない」と笑顔を見せた。ずっと前から知っていたかのような、自然な対応だった。

「向こうでも仏様のことを話していなさったんでしょうかね。うちの子を覚えていてくれて、本当にありがたい」。伸ちゃんの母は亡き息子の親友の優しさに感激するばかりだった。

帰国後の薫さんは以前と変わらず「伸ちゃんのお母さん」と笑顔を見せる。

伸ちゃんの母は、仏様に手を合わせては祈る。「伸ちゃん。カオちゃんは昔のまんまだよ。優しいカオちゃんを、これ以上苦しめないように、早くお子さんに会わせてあげておくれ」。

## 3　一目ぼれ

今から30年ほど前、柏崎市の中心街に小さなカレーショップがあった。10人ほどが座れるカウンターにテーブル席が一つ、黄色を基調とした店内にはいつもソウルミュージックが流れていた。多くの若者たちが集まっては、とりとめもない話で盛り上がった。まだ高校生だった蓮池薫さんと祐木子さんもその輪の中にいた。

もともとは薫さんの兄・透さんがよく通っていた店だった。薫さんが行くようになったのも兄の影響があったから、と幼なじみの小林恒行さんは語る。

「あのころは透さんのまねばかり。ロックを聴くようになったのもそう。カレーショップは、いわばたまり場、拠点のようなものだった」

薫さんが放課後、店に顔を出していた祐木子さんを意識するようになるには、時間はかからなかった。「薫さんの一目ぼれ。間違いないと思うよ」。２人を知る吉田信一さんはいう。

祐木子さんは一際目立つ存在だった。「明るくていい子。美人だったし、男子のあこがれの的だった」と、友人は振り返る。

始まりはグループ交際。透さん、祐木子さんらの共通の友人が集まってはスキーやドライブに出かけた。

「勉強、音楽、いろんな話をして一緒に過ごした。それが何よりも楽しかった。ただユキ（祐木子）さんは『ローリングストーンズを聴いたら頭が痛くなった』と言っていたから、音楽の話はあまりしなかったけど」。小林さんは当時を懐かしむ。

１９７６（昭和51）年４月、薫さんは中央大学法学部に進学。東京と柏崎とに離れてからも２

人は遠距離交際を続けていた。

当時、既に化粧品会社の美容部員として働いていた祐木子さんは、ごく親しい友人にそっと打ち明けている。「年下で大学生だけど、好きな人がいるの」。小林さんが2人の交際を知ったのは'78年夏、拉致事件が起こる直前だった。当時、小林さんがバイトをしていた東京・青山のカレーショップを2人が訪れたことがあった。

「なぜ柏崎にいるユキさんがここにいるんだろう」。驚きと疑問が胸に浮かんだが、すぐに合点がいった。2人は付き合い始めたのだと。

「互いに帰省したら柏崎で会おう。それだけ言って別れた」。小林さんは「今にして思えば、来訪は付き合い始めた2人の、私への正式な報告だったかな」と述懐する。

東京と柏崎。互いの距離を埋めるかのように、柏崎市の祐木子さんの自宅には、薫さんから電話がかかってきた。

取り次いでいたのは、2003年8月に亡くなった母シズエさんだった。「『蓮池です』ってはっきり言うのよ」。照れたりしない堂々とした応対ぶりが印象に残った。

薫さんが友人と自宅を訪れた時も、すぐにピンときたという。祐木子さんから正式に紹介されたわけではないが、母親の勘だったのか、この人が娘の「大事な人」なのだと気づいた。

2人が忽然《こつぜん》と姿を消した'78年の夏前の電話についてシズエさんは後に語っている。「祐木子に代わると『夏休み』『帰る』とか言うのが聞こえて夏休みに帰省してデートするのだとわかった」。

薫さん、祐木子さんの２人が、柏崎市の中央海岸から拉致される、運命の７月31日は刻一刻と近づいていた。

## 4　悲劇の7月31日

１９７８年７月31日の夕暮れ時だった。柏崎市中央海岸。海を見ながら１組のカップルが、仲むつまじく会話を楽しんでいた。周囲には人影もなく、静かな、２人だけの時が流れていた。「たばこの火を貸してくれ」。蓮池薫さんと祐木子さんに、男が近づき、声をかけてきたのは、暗くなりかけたころ。次の瞬間、３人の男に突然襲われ、船に乗せられた。顔を殴られ、まぶたが腫れた。

祐木子さんは証言する。「目隠しの隙間から野球場の明かりが見えた。柏崎が遠くなっていくようだった」。

中央大学法学部3年だった薫さんは夏休みで同市に帰省中だった。この朝、薫さんは、友人の小林弘良さんと野球を楽しんだ。メンバーが足りないからと、応援を頼まれたのだ。

薫さんは前日、小林さんの自宅に泊まり、試合会場に向かった。薫さんの打撃は目を引いた。

小林さんは「仲間が『すごい助っ人を連れてきたな』と驚くほどだった」と振り返る。

「明日は妹のテニスのインターハイ応援で福島へ行く。バイトで東京に戻るけどお盆には帰ってくる」。薫さんの言葉を小林さんは記憶している。2人は再会を約束して別れた。

いったん、帰宅した薫さんは夕方、祖母キクイさん＝故人＝に「ちょっと出かけてくる」と声をかけ、約6キロ離れた柏崎市中心街へと自転車のペダルを踏んだ。

デートを前に「2人で歩くのに邪魔だから」と、自転車を市立図書館の前に止め、待ち合わせ場所に急いだ。

祐木子さんは、化粧品会社の美容部員として中越地区の化粧品店を回っていた。この日の派遣先は同市中心部の薬局。彼女と顔見知りの女性は、祐木子さんとあいさつを交わした。「普段と変わらない笑顔だった」という。

祐木子さんはいつも制服を着て通勤する。胸にリボン、ブラウスにスカート姿。バスで会った友人は「広告代わり。これも仕事のうちなの」と話していたのを覚えている。しかし、この日は仕事を終えると私服に着替え、声を弾ませた。「店長、蓮池さんと会ってきます。8時には戻ります」。

若い2人の夏の一日は、この後、思いもよらない悲劇で、暗転した。

「薫がいない。どうしよう、どうしよう」。8月1日朝、薫さんの母・ハツイさんは、福島県に住む兄・透さんに電話をかけた。一緒に福島へ行くはずだった息子が帰ってこない。胸騒ぎがした。

祐木子さんの父・奥土一男さんも娘の行方を案じていた。「変だな。どうしたんだろう、何があったのか」。

20歳を過ぎたカップルの失踪《しっそう》に周囲からは「駆け落ちか」と心ない噂《うわさ》も聞こえた。だが、親にも友人にも心当たりはまったくなかった。

直前の2人には、平穏な日常の風景しかなかった。

祐木子さんの部屋には、買ったばかりのワンピースが残されていた。夏休みに、楽しみにしていた同僚との軽井沢旅行に着ていくはずだった。

薫さんの柏崎の自室の机の上には大学に提出する「手形・小切手法」のレポートが書きかけのまま残されていた。学生証、運転免許証も。前日、父・秀量さんに「将来、弁護士になりたい」と初めて夢を語っていた。

二つの家族の必死の捜索にもかかわらず、手がかりはどこにもなかった。

## 5　必死の署名活動

2002年7月26日夕方、ぎおん柏崎まつりのフィナーレを飾る花火大会が始まろうとしていた。「署名をお願いします」。県内外から訪れる見物客の人波に逆らうように、頭を下げ、声を張り上げる2組の老夫婦の姿があった。

蓮池薫さん、祐木子さんの両親だった。しかし、花火会場に急ぐ人の足は、なかなか止まってくれなかった。焦りと苛立《いらだ》ちが募る中で、署名を必死に訴える家族の前を自転車に2人乗りした若い男が、薫さんと祐木子さんの写真を指さし、笑いながら通り過ぎていった。

薫さんの母・ハツイさんは思わず怒鳴り声を上げた。「何がおかしいの。あんたたちの兄弟、家族がいなくなったらどんな気がするの」。通行人の心ない態度が、我慢できなかった。

1997年に政府が薫さんらの拉致を認定。子どもたちがどこにいるのか、生死すらわからなかった家族に、ようやく光明が見えた。

同年3月の家族会結成と、全国で始まった署名活動。親たちにとって何もかもが初めての経験だった。戸惑いながらも街頭に立ち、署名を集め始めた。

祐木子さんの母・奥土シズエさん＝故人＝は人前で話すのが苦手で、集会で前に出るのもひどく恥ずかしがった。薫さんの兄・透さんは「本当にシャイな人で、壇上に立たせるのはかわいそうな感じがしていた。話をさせるのは酷だと思った」と振り返る。

署名だけではない。家族会の活動で東京に行く機会も増えた。訪米もした。高齢の両親には体力的にも、精神的にも厳しかった。

祐木子さんの父・奥土一男さんは「東京は乗り物も多いし、みんな歩くのが速い。本当にきつかった」と語る。薫さんの父・秀量さんも「帰宅すると疲れて2～3日は仕事ができなかった」という。

老骨にムチを打って救出活動に没頭する親たちの思いが通じたのか、署名活動は全国に広がり、家族会結成の翌年には１００万人を超えた。しかし、政府は動かなかった。マスコミや世間の関心も次第に遠のいていった。

秀量さんは悔しさをにじませる。「情報が出るとドカッと花火が打ち上がるけどすぐ消えてしまう。線香花火みたいだった」。柏崎で署名活動をしていた'02年6月。「もう、やってもしようがないのかな……」。署名を呼びかける両親の前を足早に通りすぎる人を見てシズエさんがつぶやいた。

それを聞いたハツイさんはシズエさんの手をしっかりと握り、力づけた。

「そんなことないですよ。必ず帰ってくると思わなきゃ」。子どもたちは北朝鮮にいる。きっと生きている。「何が何でも親が救うしかないんだ。恥ずかしいとか、人目も何もないんだという気持ちでやってきた」と秀量さんは述懐する。

一男さんとシズエさんは例年、署名活動を終えた後、花火大会を見物していた。'02年7月26日も2人は、子どもたちが拉致された海から夜空に舞い上がった、花火大会の始まりを告げるまばゆい閃光《せんこう》を眺めた。肩を寄せ合って。立ちっぱなしの署名活動で疲れ果てた老夫婦にとって唯一、心和むひとときだった。

一男さんは「きれいだなあって、何とも言えない気持ちだった」。いつか親子で一緒にこの花火を見られる日がくるのだろうか――。それから、まさか3ヵ月足らずで北朝鮮からの生還・帰国がかなうとは、当時まだ夢の話だった。

## 6　母の執念

「この手は絶対に離しちゃいけないんだ。離したら逃げてしまう」

2002年3月19日、首相官邸。薫さんの母・ハツイさんは、無我夢中で小泉純一郎首相の右手を両手で握りしめていた。首相が就任以来初めて、拉致被害者家族と面会した日だった。

与えられた面会時間は午前11時50分からの10分間だけ。ハツイさんは前日から、二つのことを首相に訴えようと決めていた。

「拉致は私たち家族ではなく、国が動くべき問題ではないのですか」「首相のお子さんが拉致されたらどう思いますか」

ハツイさんは自分の決心を誰にも伝えなかったが、兄・透さんは「(母は) 相当、切羽詰まっているな」と感じていた。緊迫したムードは、表情にも出ていたのだろう。面会前、警備員に「お母さん。首相に手を出すことだけはやめてくださいね」と、そっと注意されたほどだった。

家族が待つ部屋に現れた首相は、手を前に出し、「よっ」といういつものポーズで入ってきた。ハツイさんには軽々しく見えた。耐えに耐えてきた思いが、せきを切ってわき上がってきた。

横田めぐみさんの両親との握手に続いて首相が目の前にきたとき、思わずその手をつかんでいた。「何年待てばいいんですか。いつまでも待っていられない」。室内には、ハツイさんの叫び声だけが響いた。わが子を奪われた母の悲痛な訴えだった。

薫さんが姿を消してから、家族は「どこかで生きている」という信念だけで動いてきた。失踪直後は海岸で捜索した。テレビの尋ね人番組にも出た。情報があれば見知らぬ土地へも行き、薫さんの写真を見せて歩き回った。

共働きだった両親は、仕事に支障がないよう、週末や早朝、夕方に捜索した。父・秀量さんの教員仲間の一人は「テニスが強い娘さんの話はよく聞いたが、二男の方のことで悩んでいるとはまったく知らなかった。仕事には常に全力で、親身に取り組む先生だった」との印象を語る。

身を削るような捜索の一方で、両親は薫さんがいつ戻ってきてもいいようにしてきた。

父は「大学は卒業させてやりたい」と、学費を、除籍まで8年間払い続けた。アパートの家賃も1年間払った。だが、大家からの依頼で部屋を引き揚げざるを得なくなった。その際、母は、薫さんの住民票を柏崎に戻さなかった。市役所職員としての経験から、できるだけ波風を立てずに、薫さんが書類上「存在」し続ける方法を選んだのだ。

「本当は市職員がそんな、ごまかしみたいなことしちゃいけない。でも人間は100歳まで生きられる。絶対にそのままにしておきたかったんです」。母の執念だった。

ハツイさんは首相との面会時を振り返る。「今まで思っていたことがすべて出てしまった。親や家族がどんなに必死になっても限界がある。国に、口先だけじゃなくて実行してほしかった」。このときの首相について祐木子さんの父・奥土一男さんは「蚊の鳴くような声で、何を言っているか全然聞こえなかった」と語る。

だが面会後、首相は記者団に「拉致家族だけではなく日本国全体の問題と受け止め、北朝鮮にしっかりした対応を求めたい」と明言した。そして半年後の9月17日、訪朝し、初の日朝首脳会談に臨むのだった。

## 7　辛酸24年

「ゆきこ、ゆきこ――」。奥土シズエさんは、歓迎の人波に埋もれてしまいそうな小柄な体を背伸びして娘の名前を何度も叫んだ。北朝鮮に拉致された被害者5人が帰国した2002年10月15日、羽田空港。出迎えたシズエさんは、駆けてきた祐木子さんを力いっぱい抱き寄せた。24年ぶりの再会だった。

2日後の17日午後、柏崎市の自宅に帰ってきた祐木子さんを同級生や住民ら約100人が拍手で迎えた。「ありがとうございました」。花束を渡された祐木子さんは感極まって涙ぐんだ。夜は、両親に挟まれ家族や近所の人と夕食を楽しんだ。食卓には帰国を祝う赤飯や大きなケーキと、好物のすしが並んだ。

その日夜遅くまで、お祝いに訪れた客の応対をして元気に振る舞っていたシズエさんだが、翌朝、「私、しんどい」と夫・一男さんに訴えた。その日のうちに、家族は余命半年だと宣告された。再会直後、悲痛な「死の宣告」だった。

病はいつの間にかシズエさんの体をむしばんでいた。そのまま入院し、闘病生活が始まった。見舞いにきた祐木子さんを見てシズエさんは病床でしみじみとつぶやいた。

「本当に帰ってきたんだね」。帰国歓迎の嵐の中、皮肉にも、病院でようやく母と娘2人きりで話す時間を持てるようになった。

やっと再会した娘と過ごしたい気持ちはあったが、薫さんに嫁いだ祐木子さんの立場を気遣って、「家のことをしっかりやって薫さんを大切にしな」「病院にばかりこなくていいよ」と繰り返した。

北朝鮮にいる孫への思いも募った。「孫に会いたい。だから、一日でも長く生きたい」と10時間に及ぶ手術にも耐えた。「痛い」「つらい」という弱音は口にしなかった。孫の写真を見せ、「も

24年ぶりに自宅に戻った祐木子さん（中央）。母の奥土シズエさんと父・一男さんが両脇に寄り添い、喜びをかみしめていた。この翌日、シズエさんは体調を崩し入院した（2002年10月17日、新潟県柏崎市）

うすぐ帰ってくるから元気出せ」と励ます一男さんに、「頑張る」と答えた。

２００３年８月19日、シズエさんは家族に見守られながら静かに息を引き取った。再会からわずか10ヵ月、73歳だった。

両親は24年間、娘の手がかりを追い続けた。忽然と姿を消した直後、２人は「図書館に自転車があったなら、たぶん海岸へ行ったんだろう」と海沿いの松林をはいつくばるように捜した。「せめて遺留品でも見つかればと思ったんだが……。何も出なかった」と一男さんは絶望の淵に沈んだ日々を振り返った。

写真を手に市内の喫茶店を回った。祐木子さんが行きたがっていた軽井沢にも捜しに行った。銀行口座から預金が引き落とされていないか毎日調べた。探偵も頼んだ。母は占い師から「遠くに行ったけど元気で働いている」と言われたこともあった。両親は藁《わら》にもすがる思いだった。

娘との再会を渇望していたシズエさんは、こうも話した。「薫さんと一緒に元気で幸せに暮らしていてくれればそれでいい」。娘の幸せだけを願う母の言葉だった。

２００３年末、会見で祐木子さんは母について「病床でも『子どもたちは、絶対帰ってくるから頑張れ』と何度も言ってくれた。残念でたまらない」と声を詰まらせた。

娘との再会は果たしたが、孫に会いたいという新たな願いは届かなかった。「拉致が（妻の）命を縮めた」と一男さん。祐木子さんも悔しさをにじませた。「もう1年早く帰国できていたら元気な母に会えたのに……。子どもたちにも会わせたかった」。

## 8　永住の決断

２００２年10月22日夕方、蓮池薫さんが家族と保養で訪れた中頸妙高高原町、赤倉の温泉旅館。薫さんの親友、丸田光四郎さんと彼の母は、薫さんに日本永住を決意させる「闘い」に挑もうとしていた。

「親だっていつまで生きているかわからない。また会えるかどうかわからないんだぞ」。丸田さんの懸命の説得にも押し黙る薫さんに、丸田さんの母がせきを切ったように口を開いた。

「カオちゃん（薫さん）、（北朝鮮に）帰っちゃ駄目。（帰ったら）もう私も生きていられない。お父さんもお母さんも」。息子同然にかわいがった薫さんに思わず懇願したのだった。

この日、丸田さんたちが赤倉に行ったのは、薫さんの兄・透さんの電話がきっかけだった。「（永住）帰国の話が具体化しない。今からきてくれないか」。電話を受け、初めて丸田さんは母に前日の様子を打ち明けた。薫さんを長時間説得したが、応じてくれなかったのだ。

丸田さんの母も24年もの間、行方不明の薫さんの安否を案じてきた。親として、薫さんの両親の気持ちは痛いほどわかっていた。5日前、薫さんを故郷に出迎えた際、薫さんは自分に向かって「ばあちゃん。今帰ったぞ」と叫んでくれた。「一緒に（赤倉に）連れていってくれ」と、母は息子にせがんだ。

日本中が拉致被害者の帰国に沸き立つ中、薫さんの家族は一抹の不安を抱いていた。四半世紀も社会体制の違う北朝鮮に拉致されていた薫さんは、はたして自分たちの知っている「優しいカオちゃん」なのか。

心配は杞憂《きゆう》では終わらなかった。「拉致は許した」「朝鮮公民として祖国統一に尽くす」。薫さんの口から出る言葉に家族は耳をうたぐった。親友たちも加わり、薫さんの「心」を取り戻す「闘い」の日々が始まった。

薫さんが羽田空港に降りたって6日後の10月21日、柏崎市の蓮池家では、薫さんを説得しようと激しいやりとりが繰り広げられた。丸田さんは語気強く迫った。

「苦労したと言うけれど、おまえだけが苦労したわけじゃない。親がどれだけ苦労したかわかるのか」

「なぜ北の立場でものを言う。罪は罪だ。法律を勉強したのになぜわからない。おまえはばかだ」

親友の激しい口調に薫さんは激しくあらがった。「ばかといわれる筋合いはない。おれの24年間が無駄だったと言うのか」。

「どうして好きにさせてやると言ってくれないんだ」。薫さん自身も葛藤《かっとう》していた。

気がつくと、日付が変わっていた。「泊まっていけよ」と言う薫さんの誘いを丸田さんは断った。「おれにも親がいる。薫、おまえより親の方が大事だから（実家に）帰る。妻にも言っている。生きている限りおれは親を一番大事にする」。

赤倉の旅館の一室。「北朝鮮に帰ったら駄目」という、丸田さんの母の言葉に、それまで顔をこわばらせていた薫さんの目に熱いものがこみ上げ、ほおを伝った。

丸田さんも「（自分は）おやじの葬式だって泣かなかったんだぞ」とそでで涙をぬぐった。帰り道、「必ず残ってくれる」と信じた丸田さんの母は、涙がとまらなかった。

1日おいて24日の朝、赤倉の旅館で薫さんは透さんに告げた。「おれ腹を決めたよ。日本で子どもの帰国を待つ」。親友が親子で必死に迫った説得が、薫さんの固く閉ざされた心の扉を開いた瞬間だった。

同じ日、丸田さんの母に電話がかかってきた。「カオのやつ帰らねってよ」。息子の声が弾んでいた。

## 9 おばあちゃん子

2003年5月9日、柏崎市内の病院に駆けつけた薫さんは、ベッドに横たわる祖母・キクイさんの小さな体に呼びかけた。

「ばあちゃん」

祖母の返答はなく、二度と目を開けることはなかった。92歳だった。

7年ほど前から入院がちだったキクイさん。過去3回危篤状態になったが、そのつど、「薫に会うまでは死ねない」と気力を振り絞った。待ちわびた孫との再会を果たし、安心したのだろうか。薫さんの帰国から半年余の死だった。

'02年10月17日、24年ぶりに故郷に戻った薫さんは、その翌日、朝一番に祖母を見舞った。キクイさんは目からボロボロと涙を流しながらも、口調は威勢のいい昔のままだった。

「ばかやろう。何で今ごろ帰ってきた。まあおれはもうすぐ死ぬから関係ないが」

薫さんは「何言ってる。あと20年は生きろ」と励まし、その後も妻・祐木子さんとの結婚を報告するなど、足しげく通った。

だが、面会から数日がたつと、キクイさんの記憶から孫との再会の場面が消えた。「薫が飛行機から降りてきたはずだが、まだおれに会いにこない。何やってるんだ」。高齢の割に記憶は抜群だったが、なぜか孫との再会シーンは途切れていた。キクイさんにとって孫との再会は文字通り、かなわないと思っていた夢物語だったのかもしれない。

父・秀量さんは言う。「ばあちゃんは薫に一目会いたいという思いだけで生きてきた。帰国後は、張りつめていた気持ちがゆるんだんじゃないか」。


キクイさんは、共働きの両親に代わり、薫さんたちを育てた。薫さんが幼いころは毎日、母・ハツイさんが働く市役所近くまでおぶっていき、昼休みに母乳を飲ませた。授業参観、運動会もキクイさんが母親代わりだった。薫さんが交通事故で入院したときも、いつも寄り添った。

兄弟げんかで兄と妹の間で板挟みになった薫さんをかばうのも、隠れてたばこを吸ったのを怒鳴りつけるのも祖母だった。兄・透さんは「ばあさんは真ん中の薫を特にかわいがったと思う」と振り返る。

1978年7月31日の事件当日、「おばあちゃん子」だった薫さんは祖母の作ったラーメンを食べ、祖母の自転車で家を出た。後にキクイさんは「自転車を貸すんじゃなかった」と悔やみ、ひたすら行方不明になった薫さんの無事帰宅を祈るようになった。

朝起きると太陽に、寺に、神社に、家の神棚に、あらゆる方向に向かって拝んだ。占いにもすがった。四国へ巡礼に行き、道端にぽつんと置かれたお地蔵さんにも「薫が見つかるように」とそっと手を合わせた。

だが、人前では沈んだ様子や弱音をおくびにも出さなかった。親しかった女性は「多分『元気ぶって』らした」と推測する。

入院後も相変わらず元気を装った。一方で、薫さんの幼なじみが見舞うと、行方のわからない孫と重ね合わせたのか「帰らないでくれ」と懇願する、弱気な姿ものぞかせた。

ハツイさんは「母は、ひ孫には会えなかったが、待ち続けた孫に会えたのは本望だったと思いたい」と、自分に言い聞かせるように語った。だが、透さんは違う。「拉致がなければずっと一緒だった。本望だなんて言いたくない」。

薫さんもやりきれなさをつづり、発表した。「気苦労ばかりさせた祖母に、病床ながら顔を見せることができたのはせめてもの救いだったと思います。しかし、生前にひ孫の顔を見せてやれなかったことが残念でたまりません」。家族を引き裂いた拉致。無念の思いは薫さんも同じだった。

## 10　同級生の励まし

２００２年10月25日、薫さんと祐木子さんは、柏崎市役所に婚姻届を出し、記者会見を終えると、同級生らが待ち受ける市内の式場に向かった。帰国後初めての２人の小中高校合同・同級会だった。

「お帰りなさい　蓮池薫君　奥土祐木子さん」。大きな横断幕の下で、２人が、照れくさそうに結婚指輪を披露し、ケーキに入刀すると、盛大な拍手が送られ、さながら結婚披露宴になった。祝福の渦の中で新婦は「こんなに集まってもらって一生忘れません」と目を潤ませた。

会場には、１９９８年夏、事件から20年の節目に手作りで集会を開いた「再会をめざす会柏崎」の仲間の姿もあった。

集会は、高校時代に演劇部にいた薫さんが公演をした思い出の舞台の同市市民会館で「めざす会」のメンバー約20人が開催。柏崎市で初めて拉致問題を取り上げた集会には、約５００人の市民が足を運んだ。

「息子たちを思うと胸が張り裂けそう。羽があったら飛んでいきたい」。薫さんの母・ハツイさんが涙ながらに訴えると、会場は静まり返った。同会代表の小山雄二さんは「家族の悲痛な声を初めて聞き、やらなければと強く思った。私たちの活動の新たな出発になった」と振り返る。

同会は'98年以降、薫さん、祐木子さんの両親と一緒に街頭署名などの活動を続けてきた。メンバーの野俣正一さんは帰国した薫さんから「両親が元気のないときに励ましてくれてありがとう」とお礼を言われた。「蓮池君とは高校時代は一回も話したことがなかったのに、そう言ってもらえた。やってきてよかった」と野俣さん。薫さんの気遣いがうれしかった。

2人の帰国をきっかけに祐木子さんの友人が次々に加わった。しかし、帰国前の状況について、同級生の女性は「署名をしたり、1人で集会に行ったりはしたが、拉致とか北朝鮮の話は、ほかの人には言いにくかった」と話す。

祐木子さんの家族の「そっとしておいてほしい」という気持ちに配慮し、友人が前面に出にくかった面もあったが、事情を知らない人からは、「祐木子さんは友達が少なかったのか」との声が上がった。

栗林春代さんは「ユキちゃん（祐木子さん）は昔から優しくて人気者だったのに、私たちが動かないせいで誤解されてしまう」と小中学校の同級生に声をかけ始めた。

「子どもと離れ離れというつらい状況でも、周りに気を使って明るく振る舞うユキちゃんの姿を見たら何かせずにはいられない」と服部典子さんは言う。友人の中には、子育てや、仕事など日々の生活に追われ、今まで何もできなかったという自責の念もあった。

服部さんは力を込める。「ユキちゃんはよく『ありがとう』と言ってくれる。それを聞くたびに、いつも勇気をもらっているんだから私こそありがとうだよ、と言いたくなる」。

2人の帰国後、署名に足を止める人数は一気に増えた。しかし、日朝交渉が進展しない中でメンバーは人々の関心が再び薄らぎ始めた、と不安を感じている。

小山さんは「確かに2人とは会えたが、2人の子どもたちが帰国して家族がそろうまで本当の再会とはいえないと思う。問題は終わっていない」と強調する。

24年ぶりの再会を果たした薫さん、祐木子さん夫妻とその友人たち。お互いに父となり、母となった同級生たちは、夫妻の立場を自分の身に置き換えて願う。「子どもと引き裂かれている状況は、想像もできないくらい大変だと思う。早く子ども同士が一緒に楽しく遊べる日がきてほしい」。

## 11　中大救う会

2000年3月6日、東京霞が関の外務省前。「拉致棚上げにつながる」と北朝鮮へのコメ支援に抗議の座り込みを行った拉致被害者家族の姿をテレビで見て、「北朝鮮に拉致された中大生を救う会」を結成した初代・代表幹事の重城拓也さんは激しいショックを受けた。

寒風の中、コートを着込み、横断幕をつかみ、無理を押して訴える蓮池薫さん、祐木子さん、横田めぐみさんらの老いた両親の前を、一瞥《いちべつ》もしないで通り過ぎる通行人が見えた。

中央大学卒業後、会の運営を後輩に託し、会社員になっていた重城さんは、その姿をまともに正視することができなかった。「申し訳ない、情けない、悔しい。そんな思いが募ってきた」。無力さを突きつけられたような気がした。


1998年5月、中大の学生だった重城さんは、知人を介してある男性と出会った。大学の先輩・薫さんの兄・透さんだった。「拉致被害者の救出活動を支援してほしい」。突然の依頼に対し、一瞬返答に詰まったが、むげに断ることもできなかった。

初めに手がけた薫さんの学籍回復にめどをつけると、次は法務省、国連、日弁連への働きかけを計画。政治への関心が高く、国会議員事務所にも出入りしていた経験が生きた。「一つ一つ計画を形にしていく。やりがいを感じていた」。

一方、学生の反応は鈍かった。学内で行った署名活動に協力してくれる人は数えるほどしかいなかった。

薫さんたちの帰国は、外務省前の座り込みから2年半後にかなった。重城さんは拉致議連に所属する自民党衆院議員の秘書となっていた。「解決の力になれれば」と、将来を模索した結果だった。拉致被害者「8人死亡」の報道で、素直には喜べなかったが、先輩の元気な姿をテレビで初めて見て「よかった」とつぶやいた。

重城さんは、救出活動への協力は惜しまず、薫さんの子どもを取り返す闘いを続けている。「中大救う会を始めたのは私。後を継いだ後輩も頑張っている。自分だけ抜けるわけにいかない」。

「中大救う会」代表幹事を務める渡部一実さんは、帰国直後は、柏崎市の蓮池さん宅を月1回、その後もたびたび訪れた。「雑談で少しでも先輩の気が紛れれば」との思いからだ。

渡部さんも約3年間活動に携わったが、露骨な妨害もあった。「学内では活動に対しては無視、無関心という感じ。横断幕やポスターをはがされたり、大学職員から『署名活動は大学施設内から出たところでやってくれ』と言われた」。世間の無関心とも闘わなければならなかった。

薫さんの帰国後は、事件を風化させまいと頑張ってきた。２００３年、中大の学園祭で上映された薫さんのインタビュービデオも、自ら柏崎市を訪れ、撮影した。

薫さんは、子どもの帰国話に触れると「難しいよね」と言ったきり、しばらく、口をつぐんでしまう。

そんなとき、渡部さんは薫さんの在学当時の話をする。薫さんが、わだかまりなく話せる数少ない過去の話題だからだ。輝いていた青春時代を振り返ると、沈んでいた薫さんの表情が一瞬、無邪気な学生の顔に戻っていた。

渡部さんは4月、在京の新聞社に就職することが決まった。拉致問題にかかわった一人として出した自分なりの答えだ。

「拉致問題も事件直後からしっかり報道されていれば、被害者やその家族がこんなにも苦しむことはなかったはず。こういったことを二度と繰り返さぬようにしたいと思っています」

## 12　解かれた呪縛

「本当に、悔しいよ」

2003年10月31日、中央大学多摩キャンパスの学園祭。講堂のスクリーンには、語気を強め、拉致事件の悔しさをにじませる薫さんの姿が映し出されていた。5日前に中大生が柏崎市で撮影したビデオだった。

会場では、兄・透さんが食い入るように見つめていた。弟が「拉致されて悔しい」と言うのを初めて聞いた。「帰国から1年。やっと北朝鮮の呪縛《じゅばく》から解かれ、本心を言えるようになったな」。心底、驚いた。

薫さんは切々と語った。将来を考え始めた20歳のときに拉致された。思い描いた夢を一つもかなえられなかった。再会した友人の多くは企業や職場で重要ポストにいた。日本での24年間の空白をあらためて思い知らされ、「取り残された気がした」と打ち明けた。

後輩には胸中を吐露した薫さんだが、その後も家族には、決して「悔しい」と言わない、という。

四半世紀、家族はそれぞれの立場で自分を責め、後悔の念にさいなまれた。「あのとき無理にでも用事を頼んでいれば……」「自転車を貸さなければ……」。

母・ハツイさんは、息子を見守り、支える心境を語った。「薫は『24年間心配かけたから、もうかけたくない』と、悩みがあっても私たちには言わない。それが、薫の優しさだから、私もあえて聞かない。時々活を入れ、元気づけるだけ」。

２００３年4月から、薫さんと妻・祐木子さんは市の臨時職員となった。薫さんは市の広報紙作りなどを、祐木子さんは保育園で給食作りの補助を担当。薫さんは二つの大学で朝鮮語講師も務める。

新生活について、薫さんは「自分が少しでも社会の役に立てていることがうれしい」。祐木子さんは「好きな料理をして、元気な子どもを見ると、心にゆとりが持てる」と、働く喜びを語った。

着々と社会復帰を果たし、日本の生活になじんでいるように見える薫さんに、透さんは尋ねた。

「おまえの、日本での生活の支え、心の糧はなんだ」。

「兄貴、酷なこと聞くな。あるわけないだろ」

「生きがいだぞ。ないのか」。聞き直した透さんに、薫さんは言った。

「ないよ。何もないけど、おれたちはくじけないようになっちゃったんだ。だから、今、子どもが帰ってこられなくてもくじけない。試練だと思って頑張るよ」

家族が引き裂かれた現状を自分たちへの試練ととらえ、長女、長男の帰国を信じ、待ち続ける強い意志がそこにあった。

だが、透さんは訴える。「彼らが気丈に振る舞い、日常生活を送るのを見て、『まだ大丈夫。子どもとの離別に耐えられる』とは思わないでほしい。彼らにも限界がある。言葉の裏にある気持ちを読み取ってほしい」。

長女、長男の帰国の見通しが見えない中で迎えた'04年の年明け。薫さんは家族に告げた。「子どもを早々に帰国させ、新年度までに日本に慣れさせ、4月からは家族4人、自力で生活したい」。

「何としても、そうさせてやりたい」と、親心をのぞかせる父・秀量さんは息子家族が一緒に暮らせる春を待ち望む。1月19日には、小泉首相に、膠着《こうちゃく》状態打開へ再訪朝を求める手紙を速達で出した。

薫さんは家族に、願望を語ったことがある。「行きたいところに行き、会いたい人に、会いたいときに会う。平凡だと思うかもしれないけど、おれたちはそんな生活がしたいんだ」。

自由で平凡な、息子、娘とのささやかな暮らしが、今の薫さん、祐木子さんには大きな願いになっている。

# 第４章　なぜ恋人同士が狙われたか　蓮池事件 検証編

北朝鮮による拉致被害者蓮池薫さん（46）、祐木子さん（47）夫妻は昨年7月、苦々しい記憶を呼び起こし、１９７８年夏の事件の一部を会見で語った。柏崎市の中央海岸で4人の男に襲われたこと、暗くなってからボートに乗せられたこと――。だが、２人は県警捜査本部の事情聴取には応じていない。事件の真相は依然闇の中だ。

薫さんらは帰国前、北朝鮮に派遣された政府調査団に対し、会見と同様の証言をした。伝え聞いた内容に驚いた県警捜査関係者は少なくない。ボートに乗せられた現場は砂浜の中央海岸と読み取れたが、それまでは身を潜めやすい岩場の海岸ではないか、と考えられていたからだ。

本当に、あの砂浜だったのか。どこかへ移動したり、迎えのボートと時間の待ち合わせをしたとしたら、工作員を手助けする協力者がいたのではないか。疑問は解けない。真相解明には夫妻の聴取が欠かせないが、今は心境の変化を待つしかないという。

捜査本部長の中西達雄警備部長は「子どもたちが帰って来るまで話せないこともあるだろう。だが、帰国して落ち着けば、（事情聴取によって）捜査は大きく動きだす可能性がある」と、新たな展開をにらんでいる。

なぜ県警は事件を解明できなかったか、なぜ北朝鮮はアベックを狙ったか。当時の県警関係者、元工作員らの証言を基に蓮池さん拉致事件を検証する。

## 1　怪しい船が消えた！

1978（昭和53）年、新潟県柏崎市で起きた蓮池薫さん、祐木子さんのアベック行方不明事件は、早くから北朝鮮による拉致の疑いが持たれていた。しかし、具体的な証拠はなく、新潟県警は断定して公表することが長年できなかった。大韓航空機爆破事件をきっかけに、'88年の2月、県議会で北朝鮮工作員の関与を明らかにしたが、全国に先駆けた議会答弁も「幻」に終わった。

'78年7月、警察庁の無線傍受施設が佐渡沖で発信された不審な交信電波をキャッチした。北朝鮮の工作船が日本に向かっている可能性が高いと判断、不審船を指すKB（コリアン・ボート）情報として、新潟県など日本海沿岸の各県警に警戒を指示した。

発信源付近では多くのイカ釣り漁船が操業中。魚群から離れ、怪しい動きをする1隻に目をつけてレーダーで追跡すると、工作船と見られる不審船は東へ針路を取り、秋田県内の漁港に入った。無関係の船だった。結局、電波を発した不審船の行方はわからなかった。

それから間もない同月31日、柏崎市の中央海岸で蓮池薫さん、祐木子さんが北朝鮮工作員に拉致された。当時を知る元県警幹部は「あのときの工作船はそのまま南下し、柏崎へ向かったのではないか」と推察する。

事件から半月後の8月15日、富山県でアベック拉致未遂事件が発生。現場に残された猿ぐつわや袋などの分析から、北朝鮮による犯行の疑いが浮上した。柏崎のほか福井、鹿児島両県でも、ほぼ同じ時期に海岸でアベックが行方不明になったことがわかった。

警察庁は新潟県など4県警に指示、翌'79年から拉致の疑いで本格的な捜査に乗り出した。当時の新潟県警捜査員は「富山以外に物証が乏しい中、KB情報などから警察庁が総合的に判断した。同時発生が一番大きい理由だったようだ」と語る。

'80年1月には、一連のアベック拉致事件がサンケイ新聞によって報道された。元県警幹部は「（世論喚起を狙った）警察庁のリーク」との見方を示した上で、「あれ以来、警察庁は事件にするんだという厳しい姿勢に変わった」と振り返る。

しかし、新たな証言が得られることもなく、県警の捜査は難航。次第に北朝鮮の動向に関する情報収集と分析が中心になった。警察庁は韓国をはじめとする外国情報機関から元工作員の供述を集めたが、進展には結びつかなかった。

社会党を中心に日朝国交回復を目指す、時の政治情勢も影を落とした。国際問題化することを危惧した外務省の反応も冷ややかだったようだ。

「北朝鮮による拉致の疑いが強いと言っても、外務省はいい顔をしない。省と庁の（力の）違いなのか」。元県警幹部は、警察庁関係者の嘆きを聞いたという。

発生から10年後の'88年3月10日、柏崎市の「アベック行方不明事件」が新潟県議会建設公安委員会で取り上げられた。

**岩村卯一郎氏**（自民）「柏崎と同じ時期に鹿児島、福井、富山でも同様の事件が発生しているが、捜査結果から得られた感触は」

**水田竜二・新潟県警警備部長**「四つの事件はいずれも関連しており、特殊工作員等による拉致とみている」

**岩村氏**「どこの国の工作員か」

**水田警備部長**「北朝鮮の工作員の疑いを持っている」

突然の〝断定〟に、大平武氏ら社会党（当時）の議員が「北朝鮮とする具体的な証拠はあるのか」などと猛反発した。

水田警備部長は「発言趣旨は変えない」と突っぱねたが、斎藤明範・新潟県警本部長が部長答弁から「北朝鮮」の部分を「訂正させてもらう」と引き取り、その場を収めた。

政府が初めて北朝鮮の関与を認めたのは、2週間後の26日。国会で梶山静六・国家公安委員長が「北朝鮮による拉致の疑いが十分濃厚」と答弁した。

元新潟県警幹部は「県警はすでに北朝鮮の犯行とみていたが、証拠が少なかったので公式には口に出せなかった。水田警備部長の答弁はタブー破りだった」と振り返る。

事件は前年（87年）11月の大韓航空機爆破事件によって、クローズアップされた。北朝鮮工作員・金賢姫《キム・ヒヨンヒ》の供述で明らかになった日本人教官・李恩恵《リ・ウネ》の存在。田口八重子さんとわかるまでは、蓮池（旧姓奥土）祐木子さんら一連の事件で行方不明になった女性ではないか、と疑いが持たれていた。

質問に立った岩村氏は「怪しい事件のあった本県として質問せざるを得ない状況だった。ただ、あのころは北朝鮮に遠慮する風潮があり、私は孤立無援だった」と述懐する。

大平氏は「真相をはっきりさせたかったが、本部長が訂正したので終わってしまった」と唇をかむ。

新潟日報は、タブー破りの答弁を取り上げたが、2段扱いで世論の反応は鈍かった。

この県会論議の事情に詳しい元県警幹部は「社会党と朝鮮総連などが組んで北朝鮮は悪い国じゃないと世論誘導していた。マスコミに書けと言っても書けないのが、あの時代の雰囲気だった」と証言。「（拉致の疑いを）もっと早く広報していれば、被害は防げたかもしれない」と悔やむ。

新潟県議会の議事録に、水田警備部長の「北朝鮮による拉致」発言は採録されていない。

委員長報告では「柏崎の男女失踪《しっそう》事件は人々の心に不安を巻き起こし、結果として本県の観光振興にも支障を来す恐れがある」と、観光面のマイナスを強調、事件の早期解決を求めただけだった。

1978（昭和53）年7月31日午後7時ごろ、蓮池薫さんと祐木子さんは、柏崎市の中央海岸から少し荒浜方向（北側）へ歩いたところでデート中、北朝鮮の工作員に拉致された。

薫さんの証言によると、男が「たばこの火を貸してくれ」と近づいてきた後、別の男3人に殴られ袋に入れられた。暗くなってから、ゴムボートと船を乗り継いで北朝鮮・清津《チョンジン》へ連れて行かれた。祐木子さんも口と目に粘着テープを張られ、ボートに乗せられた。

家族から捜索願を受けた県警は当初、家出か事件に巻き込まれたかの両面で捜査。2人に失踪する理由がないため、何らかの事件に巻き込まれたとの見方を強めたが、遺留品などの物証や不審者、不審車両の目撃情報はなかった。

県警関係者の中には「海岸に（工作員が吸ったとみられる）朝鮮たばこの吸い殻が落ちていたと聞いた」との証言もあるが、捜査本部は「現時点では把握していない」と否定する。

拉致の疑いが浮上して以降、県警は工作員が2人の戸籍を使って日本人になりすます恐れがあるとみて、戸籍に動きがないか注視した。一方、行方不明事件としても捜査を続け、暴力団関係者の関与を調べたこともあった。

## 2　日本人化教育のために!?

'78年夏、蓮池薫さん、祐木子さん夫妻をはじめ、全国で「アベック拉致事件」が相次いだ。なぜ恋人同士が狙われたのか。北朝鮮ではどんな役目を担わされていたのか――。２００２年10月の拉致被害者５人の帰国から１年数ヵ月、今なお、横たわる多くの謎について元工作員や識者たちに聞いた。

「恋人や夫婦ならば、拉致のショックが和らいで精神が安定し、北に定着しやすくなるからだ」。元北朝鮮工作員の安明進《アン・ミョンジン》氏は、アベック拉致の背景を説明する。

拉致の目的の一つは、工作員への日本人化教育を施す語学教官とすることだ。金正日《キム・ジョンイル》総書記の指示で'70年代半ば以降「現地人化」が徹底された。

日本語を学ぶならば帰還事業で戻った元在日朝鮮人が教官でもいいのでは――。こんな疑問について「コリア・レポート」編集長の辺真一氏は「語学だけではない。日常のしぐさや文化まで身につけさせることに意義がある」と強調。「せっかく拉致しても、北朝鮮人と結婚して何年もすると、日本人らしさが薄まってしまう。その点、カップルがそのまま夫婦になれば、日本での習慣が維持できる」。

辺氏は「偽装夫婦スパイ」の面にも着目。「人間の先入観として、夫婦や親子は、単独で動くより怪しまれない。北朝鮮は当初、カップルを海外での諜報活動などに利用しようとの思惑もあったのでは」と推察する。

だが実際には、拉致された日本人カップルが、北朝鮮国外へ出て諜報活動する機会はなかったとの見方が強い。「拉致された人は、生きるため表面上は北の体制に服従しても、完全に洗脳されるものではない。北当局も『海外に出したら逃げられる』と不信感があった」（安氏）。

薫さんは帰国後の会見で、「特殊機関にいた」「工作員用の資料を翻訳する場所にいた」と話してきた。

北朝鮮発表の個別情報では、蓮池薫さんは平壌《ピョンヤン》の社会科学院民俗研究所の翻訳員として勤務していたとされる。

同科学院への留学経験がある関西大の李英和《リ・ヨンファ》助教授は「同院は、経済など一般的な社会科学分野のシンクタンク。ただ、軍事関係とは無縁のため、北朝鮮国内ではあまり重視されていない」と説明。その上で「わざわざ海を越えて拉致した日本人を、一般民衆とも接点があるような場所に置くだろうか」と北朝鮮発表に首をかしげる。

安氏は「一時期、勤務していたかどうかは別として、ずっとではなかったと思う」と推察する。

安氏が'87年から'93年まで学生として在籍していた金正日政治軍事大学で、蓮池さんを目撃したことが、その根拠だ。

安氏は証言する。「横田めぐみさんが美人として学生の間で評判が高まったため、周囲にいたほかの日本人教官にも目がいくようになった」。'89年から'91年までの間に、構内のバス停、講堂、食堂などで5回以上は蓮池さんを目撃したという。

2002年10月の帰国まで、安氏はこの目撃証言を控えていた。「日本で見せられた写真の中でほほ笑む20歳ごろの顔と、教官時代の顔が少々違うように思え、同一人物との自信がなかったからだ。だが、帰国後の蓮池さんの顔を見て、やっと『間違いない』と確信した」。

北朝鮮での日々についての質問には、蓮池さんらは今も緊張した面持ちで口を閉ざす。

北朝鮮から拉致を任務として潜入する拉致実行者と、現地協力者（土台人）との連携の観点から、安氏は「日本に潜入してから選んだのではないか」と考える。

事前に狙っていたのならば、海岸までおびき寄せる知人が介入したはずだが、現時点ではそうした情報はない。安氏は「海岸から拉致するケースでは、土台人は地元以外の人が多い。地元では、行方不明事件として騒動になった際に聞き込みなどでばれる危険性が高いからだ。せいぜい、拉致実行日に目星をつけて、数時間尾行したレベルではないか」と推測する。

1978年夏に、蓮池薫さん、祐木子さんら4組のカップルが狙われた。しかし'80年代に入ると、拉致された可能性が排除できない行方不明者を含め、カップルや夫婦で姿を消したケースがほとんどなくなる。

その理由を安氏は、（1）富山県高岡市のアベック拉致が失敗に終わったこと、（2）'80年1月にサンケイ新聞による「アベック連続蒸発」の報道——を挙げた上で「拉致を手伝う土台人の間で、アベック拉致について、おびえが広がった」と分析する。

特定失踪者問題調査会の荒木和博代表は「'80年代以降は、事前に対象者を特定した上で拉致する高度な手口が主流になっていったのではないか」とみている。

'78年夏、わずか1ヵ月余りの間に、海岸線で4組のアベックが狙われた。一組は運よく難を逃れた。この未遂事件から、北朝鮮工作員による「拉致」の可能性が浮かんだ。

7月7日午後9時ごろ、福井県小浜市の海沿いの公園展望台で、地村保志さん（当時23歳）と（旧姓浜本）富貴恵さん（同23歳）が拉致された。現場に残されたのは2人が乗ってきた保志さんの軽トラック。キーが差し込まれたままだった。

7月31日午後7時ごろ、柏崎市の中央海岸で、蓮池薫さん（当時20歳）、祐木子さん（同22歳）が拉致された。海岸へ向かう途中の図書館に薫さんの自転車が残されていた。

8月12日夜には、鹿児島県吹上町の吹上浜で、市川修一さん（当時23歳）、増元るみ子さん（同24歳）が拉致された。近くに市川さんの車があった。

いずれも家出する理由はなく、何らかの事件に巻き込まれたのではないかとみられていた。

一方、８月15日、富山県高岡市で未遂事件が起きた。午後６時30分ごろ、海岸近くを歩いていた男性（当時27歳）と女性（同20歳）が、４人組の男に襲われ、猿ぐつわ、手錠、タオルでしばられ布袋に入れられた。

４人組は犬の鳴き声に驚いてかいなくなり、２人は自力で逃れ、警察に届け出た。遺留品のゴム製の猿ぐつわ、布袋を分析したところ、国産ではない粗悪品で、警察は初めて、北朝鮮工作員による拉致の疑いを強めた。

また、市川さん、増元さんが拉致された同じ８月12日夜、佐渡郡真野町で曽我ミヨシさん（当時46歳）、ひとみさん（同19歳）親子が拉致された。

# 第5章　山も川も温かく　曽我事件 証言編

## 1　日本で再会したい

「ブラッキーが死んだ」――。2003年8月、佐渡郡真野町（'04年3月から市町村合併により佐渡市に改称）の曽我ひとみさん（44歳＝'04年3月当時＝以下同）に北朝鮮から届いた手紙には、見慣れた長女・美花さん（20歳）のハングル文字でこう書かれていた。

「ブラッキー」はひとみさん家族が北朝鮮で飼っていた黒い犬。'01年夏、二女・ブリンダさん（18歳）が友達から生後数ヵ月の子犬をもらってきた。ひとみさんは日本語で「クロ」とも呼んだが、夫ジェンキンスさん（64歳）が米国人だから、家族全員で英語の「ブラッキー」と名づけた。

「あんなに元気だったのに……。なぜ、死んじゃったんだろう」。わずか1歳半の愛犬の死は、北朝鮮の家族への思いを一気に募らせた。平壌市《ピョンヤン》の家はどうなっているだろうか。帰国1週間前に市内で引っ越したばかりで、荷物も解いていなかった。

手紙と一緒に入っていた写真の美花さんは、髪が伸びて大人っぽくなった。服に関心のあるブリンダさんは、おしゃれをしているだろうか。家族の暮らしぶりを少しでも嗅《か》ぎ取るように、ひとみさんは何度も何度も読み返した。

'02年10月の帰国以来、いまだに果たせない家族との再会。ひとみさんは安倍晋三・自民党幹事長との面会や、会見で「日本で家族に会いたい」と静かに決意を語る。ただ、決して「日本で暮らしたい」と言わないことに周囲は気づいた。関係者は「夫や子どもに相談しないと、どこに住むか決められないのだろう」と思いやる。

元脱走兵の夫が、日本に入国した場合、訴追される恐れもあり、米国との協議も大きなハードルだ。ひとみさんは「子どもたちは日本で生活できると思うけど、夫が帰らないといえば帰ってこないだろう。夫は頑固だし」と複雑な胸中を漏らす。

気丈とはいえ、帰国1年を前にした'03年夏ごろは我慢も限界に近かった。「もう1年ですよ。どうなっているんですか」と、政府への憤りを語る一方で、友人とのドライブ中に突然泣きだしたこともあった。日朝交渉が停滞したクリスマスには「もう、どうでもいいです」と自暴自棄になり弱音を吐いた。

「（北朝鮮に）帰してもらえるのなら帰りたい」「万景峰号《マンギョンボン》の切符を買ってくださいよ」「一緒に冷めんを食べに行きましょうよ」。冗談めかしているが、どこまで本心なのか。周囲は戸惑う。

同じ拉致被害者の蓮池さん、地村さん夫妻を引き合いに「うらやましい。片方が落ち込めば、片方が励ますから。私は一人なんですよね」と、立場の違いを嘆く。夫婦の絆《きずな》を引き裂かれた心の痛みも日増しに重くのしかかる。

真野町には父・茂さん（72歳）がいるが、妹の金子富美子さん（38歳）は夫の転勤で埼玉県で暮らす。一緒に拉致された母・ミヨシさん（当時46歳）の消息はわからないままだ。

ひとみさんと親しい関係者は打ち明ける。「ひとみさんの本当の心は誰にもわからない。自分の気持ちをオブラートに3回ぐらいくるんで、それを溶かしてくれる人を待っている。そうとわかっても、私たちには何もしてあげられない」。

心の隙間を埋めようと、ひとみさんは、北朝鮮でも飼っていた茶と灰色の2匹のウサギを飼い始めた。水をやり、タンポポの茎をちぎって慣れた手つきで食べさせる。部屋の水槽では金魚が泳いでいる。だが、不安や悩み、愚痴には誰も答えてくれない。

町役場の仕事を終え、暗くて寒い自宅に戻る。電灯をつけ、こたつに入り「ハアーッ」と、大きな溜め息をつく日が増えている。そんな寂しげな母にテレビの上から、ハート形の額に入った愛娘2人の写真が、ほほ笑みかけていた。

## 2　病院受付に異変

1978年8月14日。休み明けの月曜日午前8時すぎ、ひとみさんが働いていた佐渡総合病院外科外来の受付前で異変が起きていた。

すでに患者が４～５人、列をつくって並んでいた。「えー、どうしたんだろう」。間もなく出勤してきた同僚の看護師が、慌てて対応した。いつもなら、ひとみさんが診察室に入るドアの鍵を開け、受付の準備を済ませている時間だった。

すぐに、ひとみさんが住んでいた病院脇の寄宿舎に、電話を入れた。しかし、何度ベルを鳴らしても、応答はなかった。

「じゃあね、ご苦労さま」。２日前の12日、ひとみさんは、午前の診察を終え、同僚らとあいさつを交わして病院を後にした。お盆を前にしたその週末は、緊急手術に備えての待機出番もなく、真野町の実家へと向かった。

いつもと変わらない週末だった。夕方、ひとみさんが家に着いて間もなく、母・ミヨシさんも仕事を終えて帰宅。母と娘は、１週間の病院での出来事などとりとめのない話をした。夕食を終えて午後7時半ごろ、２人は、近所の雑貨屋まで買い物に出た。ミヨシさんは前掛け姿。台所にはお盆の赤飯用のもち米が、水に浸したまま置いてあった。

店を出て帰宅途中、2人は北朝鮮の工作員に襲われた。帰国直前の2002年9月29日、ひとみさんは平壌で日本政府の拉致調査団に証言している。

「突然後ろの方で何人かの足音が聞こえ、振り返ると男3人が並んでついてきました。突然、後ろから男たちが襲ってきて母と私を木の下に引きずり込みました。口をふさがれ、袋に詰められて、担がれて行きました。その後母がどうなったかはまったくわかりません」

妹・金子富美子さんは「近所のお店まで買い物に行ったので、すぐ帰ると思っていた」と事件当日の様子を振り返る。妹と父・茂さんを家に残したまま、2人はいつまでたっても帰ってこなかった。

ひとみさんは'77年4月、夜間高校に通いながら病院勤務を始めた。子どもの相手は、大好きだった。「大丈夫、すぐ終わるよ」。上手にあやしながら、てきぱきと手当てを施した。

翌'78年4月、外科外来に配属になった。親しい友人にだけは「外科は嫌い」と打ち明けた。だが、遅刻や無断欠勤は一度もなかった。嫌な顔一つ見せず、仕事に取り組んでいた。

誰もが初めは抵抗感のある手術室でも、手術中に貧血で倒れるようなことはなかった。「徐々に慣れなきゃいけない」と、意欲的に取り組んでいた。

同病院付属准看護学院で教えていた高野嘉巳さんは「中学を出てすぐここへきて、頑張っていた。ひたむきな姿勢に目をかけていた」と明かす。口数は少ないが、優しい性格が行動に垣間見えた。患者の評判も悪くなかった。周囲はそんなひとみさんを、温かく見守っていた。

「曽我さんが出勤してこない」。佐渡総合病院の事務長・野婁《のげら》力蔵さんが外科外来から連絡を受けたのは、8月14日の診察が始まった午前9時すぎだった。総婦長と2人で寄宿舎に駆けつけた。「書き置きでもしてあるかもしれない」。机やタンスの引き出しを開けて調べたが、手がかりは何も出てこなかった。

ひとみさんが使っていた病院内のロッカーも開けてみた。白衣、帽子、靴下、数枚のハンカチ。忙しくて昼食も取れない合間に食べたのか、食べ残しの菓子パンがあった。直前まで確かにひとみさんがそこで生きていた証しだった。

半月後、ひとみさんの伯父が病院を訪れた。用向きは、行方不明のひとみさんの退職の申し出だった。

## 3　定時制の仲間

卒業までの日数を教室の黒板に書き続けた「カウントダウン」が、ついにゼロになった。1979年2月28日、佐渡高校定時制沢根分校の卒業式を迎えた4年生11人の中に、ひとみさんの姿はなかった。「ここにひとみもいたら」――。同級生の岩崎和広さんは、大切な仲間1人を欠いたやりきれなさを強く感じていた。

ひとみさんは昼、病院で働きながら、夜は高校に通っていた。仕事を終えると、午後6時からの授業に間に合うように、夕食も取らず、旧佐渡郡金井町にある病院から10キロの道のりをバスで通った。午後10時前まで続く授業と、バスケットボール部の練習に汗を流し、病院の寮に戻ると、たいてい午後11時を回っていた。

そんな忙しい毎日の中でも、同級生は限られた休日を利用しては担任の本間和城先生と島内をドライブし、夏休みにはキャンプも楽しんだ。

3年のキャンプで行った旧相川町で、海岸の岩場に座って「私、人魚みたい？」とちゃめっ気を見せたひとみさん。岩崎さんは「そんなポーズとっても似合わん、似合わん」と、すかさず茶々を入れた。

それぞれに仕事を持つ同級生が全員教室にそろうのは週の半分ほど。3年が終わるころには、両立の難しさから、何人かの仲間が学校を去っていった。

岩崎さんは振り返る。「ここまで頑張ってきた仲間をこれ以上減らしたくない、みんな一緒に卒業したいという気持ちがあった。卒業に対するあこがれは、普通の高校生と比べられないほど強かった」。ともに同じ境遇に耐えて、乗り越えた定時制高校ならではの結束の強さだった。

卒業式を約半年後に控えた1学期の終業式。高校最後の夏休みを前に沸き立つ４年生の教室で、生徒たちは「カウントダウン」を思いついた。

「2学期からは、みんなできるだけ休まないで学校に出よう。最後まで頑張れば、やったという気持ちになれるから」「卒業まであと何日って思えば頑張れるんじゃない？」。口々にアイデアを出し合いながら、教室の後ろの黒板いっぱいに「卒業まであと〇日。頑張ろう」と書き込んだ。その輪の中で、ひとみさんも笑っていた。

しかし、夏休みに入り、ひとみさんは突然行方不明になった。

同級生の本間藤子さんは悲しみとともに、理由のわからない失踪《しっそう》に苛立《いらだ》ちを募らせた。「入学してからずっと、苦楽をともにしてきたのに。卒業まであと半年というときにどうして」。

全員の卒業を楽しみにしていた本間先生はショックを受け、ことあるごとに「ここにひとみもいたらなあ」とつぶやいた。

「ひとみの分も頑張ろう」。同級生は、先生を元気づけようと、文化祭前に毎日深夜零時まで学校に残り、準備に取り組んだ。だが「何をやっても寂しかった」と岩崎さん。「明日こそは、明日こそは」と帰りを待ち続ける同級生の思いもむなしく、カウントダウンは無情に進み続けた。

岩崎さんは述懐する。「一日一日と黒板の数字が減っていくたびに寂しさを感じた。卒業までに間に合うかな、帰ってくるかな、と。卒業までの励みにしようと始めたカウントダウンが、逆に切ない思い出になった」。

それから24年後の２００２年10月18日、たった一人の卒業式が行われた。ひとみさんは、恩師や同級生に見守られ、卒業証書を手にした。いつも「頑張り屋」だった彼女に同級生が何よりもあげたかった勲章だ。異国の地でも頑張り抜き、再び戻ってきてくれたことへの仲間からの贈り物だった。

## 4　遺骨なき葬式

切ない「葬式」だった。ひとみさんと母・ミヨシさんの失踪から、14年余りの歳月が流れた１９９２年11月30日。遺骨のない２人の葬式が、曽我家の菩提寺《ぼだいじ》、大願寺（旧佐渡郡真野町）で執り行われた。

父・茂さんと妹・金子富美子さんのほか、親戚や友人が参列。自宅でお経を上げ、野辺送りを済ませた後、本堂で引導式を挙げた。

骨箱には、ひとみさんの化粧箱と、ミヨシさんが使っていた茶碗と箸が、茂さんと富美子さんの手でそれぞれ納められた。涙ぐむ茂さんの隣で、富美子さんもじっと耐えていた。

「まだ信じられん。今でも必ず帰ってくるような気がする」。茂さんは寺からの帰り道、寂しそうにつぶやいた。

'78年の失踪直後、茂さんと親戚のほか、集落総出で100人以上が捜索に当たった。茂さんは「迷惑かけます。よろしくお願いします」と頭を下げた。

大願寺のある自宅周辺の裏山、国府川の川べり、真野湾の海岸線……。「歩いて出たのだからそんなに遠くには行っていないはずだ」と、丸一日、懸命に捜し回った。

親戚は、2人が島外に出たのではないかと手分けをして、小木と両津の港へ向かった。佐渡汽船に頼み込み、段ボールにぎっしり入った乗船名簿を一枚一枚、丹念に調べた。中から2枚、白紙が見つかった。親戚の曽我千鶴子さんが「この2枚ではないか」と言ったものの、確認のしようがなかった。

手がかりはまったくつかめなかった。「キツネにつままれたようだ」「神隠しではないか」。そんなことを言う人たちもいた。

富美子さんは「姉ちゃんは准看護師の免許をもっているから、お母さんと2人で暮らしているんだろうと父と話していた」と振り返る。さまざまな憶測が、流れては消えた。

葬式の約1ヵ月前。茂さんは一人で、大願寺を訪れた。「自分の気持ちの整理のためにも、（葬式を）けじめとしてやってくれ」。

戸籍上、2人は失踪から7年後の'85年に死亡が確定。翌年の9月12日には、除籍処分になっていた。

「どこかで暮らしているのなら、せめて連絡くらいあってもいいのに」「私らも年を取っていく。葬式だけでも挙げてやろう」。こうした声が、次第に親戚からも聞こえるようになっていた。

ずっと曽我家のことを気にかけてきた親戚の一人、佐々木美代子さんが話を聞き、申し出た。「2人には一通りのことはしてやってくれ」。

「嫌だっちゃ」。茂さんは当初、拒み続けた。しかし、「これ以上周りに迷惑はかけられない。言う通りにしよう」と決めた。

大願寺の過去帳には、ひとみさんとミヨシさんの名前とともに、「昭和53年8月12日失踪　生死解明セズ」と筆書きで書かれたページが残っている。

住職の母、臼木綾子さんは述懐する。「名目は葬式でも内容は祈願という形だった。2人には戒名も授けたが、これには長生きできるという意味がある」。

とはいえ、葬式は、行方不明という状況に一つの「けじめ」をつけたセレモニーだった。

２００2年9月17日の日朝首脳会談。日本人拉致被害者で5人目の生存者として北朝鮮側は「ソガ・ヒトミ」の名前を明らかにした。警察庁が把握している拉致の疑いがある非公式リストにも記載がなく、出身地も不明だった。

葬式から10年後、海の向こうから突然、衝撃的な「曽我ひとみ」さん生存情報がもたらされたのだった。

## 5　24年ぶりの佐渡

24年ぶりの再会に、言葉はいらなかった。２００２年10月15日、羽田空港。チャーター機を降りた曽我ひとみさんを出迎え、妹の金子富美子さんは「姉ちゃん」と呼ぶことしかできなかった。ひとみさんは黙って「うん、うん」とうなずいた。姉妹はただ抱き合って泣くだけだった。

富美子さんは今、述懐する。「とてもびっくりしました。姉がお母さん（ひとみさんと一緒に拉致されたミヨシさん）にそっくりだったので」。

貴賓室に入ると、少し落ち着いて話ができた。「父ちゃん、まだ酒飲んでるんか」と父・茂さんの体調を気遣うひとみさん。富美子さんは「足が痛くて迎えにこられない。家で待っている」と伝えた。

ひとみさんの脳裏に、ふるさと真野町の風景が浮かんだ。「稲刈りはどうなったの」。富美子さんは「あの田んぼは売ってしまって、もうない」。思うようにかみ合わないやり取りが、歳月の長さを感じさせた。

同年9月17日の日朝首脳会談で、北朝鮮は突然、ひとみさんの生存を明らかにした。富美子さんは、１９７８年に行方不明になった姉と母の２人が、工作員に拉致されたと初めて知った。

「まさか北朝鮮にいるとは思っていませんでした」と戸惑いを隠せず、母についても「情報がないので心配です」と不安が募った。

事件当時、富美子さんは13歳の中学1年生。何が起きたのかよくわからなかった。家を訪れたひとみさんの友人に「急にいなくなった」と、ぽつりと答えた。

親戚が身の回りの世話をしてくれることになり、父とも離れて暮らした。部屋にこもることが多かったが、「寂しい」とは口にせず、じっと耐えた。

姉が北朝鮮にいるとわかってからは、首相への要請や家族会、支援団体「救う会」の会合、記者会見が目まぐるしく続いた。それまで救出運動に取り組んだことがなかったから、何もかも初体験、緊張と戸惑いの日々だった。

富美子さんの上京に同行した伯母・時岡玉枝さんは「恥ずかしくて生きた心地がしなかった。ひとみのことをお願いします、というだけで精いっぱいだった」と証言する。

帰国前、富美子さんは政府調査団が撮影したひとみさんのビデオを見た。「会いたい」と語りかけられたが、「（姉は）脅されている感じがする」と違和感も覚えていた。

「佐渡が好き。早く帰りたい」。ひとみさんは帰国後、妹に訴えた。10月17日、その思いが実現した。新潟空港を飛び立ち、飛行機の窓から懐かしい島影が見えると、涙があふれ、ハンカチで何度もぬぐった。真野町では全戸が玄関先に「お帰りなさい、曽我ひとみさん」と札を掲げて迎えてくれた。

会見では、新幹線の中でつづった詩を朗読した。

「今、私は夢を見ているようです。人々の心、山、川、谷、みんな温かく美しく見えます。空も土地も木も私にささやく。『お帰りなさい、頑張ってきたね』。だから、私もうれしそうに『帰ってきました。ありがとう』と、元気で話します」

実家に向かう途中、地元の集会所前で待っていた近所の人たちと、抱き合って喜んだ。富美子さんは、帰国直後ずっと硬かった姉の表情が次第に和らいでいくことに気づいた。「姉は明るくなった。佐渡に帰ってきて本当によかった」と胸をなで下ろした。

ひとみさんは、あいさつで「これからも、父ちゃんと富美子をよろしくお願いします」と頭を下げた。そのときは、まだ「一時帰国」のつもりだった。

## 6　妻子奪われた父

一度は忘れようと思った娘が、目の前に現れ、一歩ずつ近づいてきた。

ひとみさんの帰国から2日後の2002年10月17日。父・茂さんは、実家に戻ったひとみさんを玄関前で抱きしめた。「ご苦労だったな。父ちゃん（は）、待っとった」。

24年ぶりの再会に、2人は声を上げて泣いた。夕食の団欒《だんらん》では「これからはあまり酒を飲まないで」と声をかけられた茂さんに、ひとみさんが指切りをした。茂さんの胸に秘められた自責の念が、少しずつ解けていくようだった。

1ヵ月前の9月20日朝。日朝首脳会談で明らかになった5人目の生存者として「ソガ・ヒトミ」の名前がニュースで流れた。

茂さんは「ひとみに間違いない」と確信。以前、警察から受け取った家出人捜しに関する文書を捜した。それはたんすの中に、ぼろぼろになって眠っていた。

三浦正雄区長や親戚と一緒に町役場へ駆けつけ、高野宏一郎町長（当時）と協議。平山征夫知事に対応を要請するため、急遽《きゅうきょ》県庁を訪れることになった。

「ネクタイをしなくてはいけないな」と茂さん。オートバイ事故の怪我《けが》で足の不自由な父が、島外へ出るのは久しぶりだ。区長に借りた服に着替え、ひげを剃《そ》る間もなくジェットフォイルに乗り込んだ。

知事に要請後、記者会見。戸惑いをみせながらも、「会いたいですか」と問われると、すぐさま佐渡弁に力を込めた。「そりゃ、会いてえっちゃ。何十年も待っとるんだからさ」。

ひとみさんと一緒に行方不明になった妻・ミヨシさんについても「どんけえ（どのくらい）、夢を見たかわからん」と思いをはせた。汗か涙かわからないぐらい、何度も顔をふいた。「北朝鮮なんて考えたこともなかった。憎いなんて言葉にもならん」と声を震わせた。

24年ぶりに帰郷した曽我ひとみさんと抱き合う父・茂さん（2002年10月17日、新潟県佐渡の実家）

茂さんは今、「足が痛くて仕方ないのに、どこへ行くにもマスコミがたくさんいて（歩くのに）大変だった。だが、どうなるかわからんかったし、緊張も何もねえっちゃ」と振り返る。

その後、ひとみさんの帰国が決まったが、体調を考え、東京への出迎えは二女の金子富美子さんに任せた。茂さんは述懐する。「行きたいのはやまやまだが、どうしようもなかった。ひとみに会えたときは、そりゃー、うれしいも何もねえっちゃ」。

10月22日夜、ひとみさんの実家に高校の同級生たち約10人が集まった。「ハアー、さどーへ」。茂さんが自慢ののどを披露した。民謡の賞状を見つけた同級生に「上手なんですね」と言われ、得意の『佐渡おけさ』を歌った。

「お父さんが歌っているのだから」と手拍子に促され、立ち上がったひとみさん。振り付けをしっかりと覚えていて、うれしそうに手足を動かした。「向こう（北朝鮮）でも踊っていたのか」と冷やかされ「いや、いや」と、はにかんだ。

テーブルに持ち寄りのすしや酒が並んだ。「ようきてくれた」と酒をついで回る茂さん。向かいに座った岩崎和広さんは父のつぶやきを聞いた。

「俺が悪くて（妻と娘の）２人がいなくなったようなことを言われたときもあって切なかった。母ちゃんと娘を奪われたのだから、俺が一番の被害者だっちゃ」

一人暮らしで乾いた父の心に染み入るように、宴は夜遅くまで続いた。

## 7　右手のつめで確信

「ああ、本当に曽我ひとみだ」――。高校時代の親友、上林芳子さんが初めてそう確信したのは、ひとみさんの特徴ある右手親指の平べったいつめを見た瞬間だった。

２００２年10月18日の同級会。24年ぶりの再会に沸く輪の中で、上林さんだけは、ひとみさんの右手を握って離さなかった。

１９７8年8月12日。上林さんは、お盆に実家に帰るひとみさんとバス停で交わした、ささいなやりとりをずっと引きずっていた。「どうしたの？」。うつむき加減で何か言いたげな様子に気づき、声をかけたが、ひとみさんは「いや、別に」と答えない。「じゃあ、お盆明けに聞くね」。上林さんはそう言って、いつものように別れた。

そのときは、まさか直後の事件が、これほど長い間、２人を引き裂くとは思いもしなかった。

「何であのとき、しつこいくらい聞いてやらなかったんだろう。私が聞いてやらなかったから、こんなことになったんじゃないか」

ひとみさんが自分から悩みを打ち明けるような性格でないことは、よくわかっていた。物静かで、話すより書く方が得意だったひとみさんとは、普段から交換日記で思いを語り合った。悩んでいる様子にも気づいていたのに……。

翌日、親友の失踪を知った上林さんは、ひとみさんの実家近くの国府川沿いを泣きながらさまよった。その後も、町でひとみさんの父・茂さんや妹の富美子さんを見かけるたびに胸が痛んだ。声をかけることもできず、いつも心の中で２人にわびていた。

'02年9月20日。ひとみさんが北朝鮮で生きているという衝撃的なニュースが飛び込んできた。そして約1ヵ月後の帰国。上林さんは食い入るようにテレビを見つめた。しかし、羽田空港の政府チャーター機から現れた親友の顔は、面影さえも見つけられないほど変わっていた。

「これが曽我ひとみ？　うそだ」。19歳のころの、ぽっちゃりとして、つやのあったほおはやつれ、24年の生活を物語っているように見えた。

上林さんは振り返る。「会いたいけれど、彼女も同じ気持ちでいてくれるのか。私の中で彼女は19歳の夏で止まったままだったから想像がつかなかった」。

同級会の後、2人きりになったホテルの部屋で上林さんは打ち明けた。「親指のあのつめを見たときに『曽我だ』と思った」。

ひとみさんはさっと右手の親指を中に入れ「グー」を作り、ほほ笑んだ。高校の帰り道、バスのつり革につかまると目についたのが、平べったい親指のつめだった。

「おもしー（面白い）つめだ」とからかうと、決まって親指を隠すようにしてつり革を握り替えた、独特のしぐさだ。

「あー、そうそう！」。答えながら、上林さんのまぶたには、学校帰りのバスの光景が一瞬にしてよみがえった。黒いゴムで髪を一つに束ね、いつも制服の襟元をリボンできちんと止めていた、あのころのひとみさんだった。

その夜、上林さんは二つ並べた布団の中で、手をつなぎながら、ようやく親友の悩みを聞くことができた。

「最後の日、私が悩みを聞いてやれなかったせいでいなくなったと、ずっと思っとった。あれは何だったのかな」

ひとみさんは、当時の恋の悩みを親友にそっと打ち明けた。24年ぶりの告白だった。ようやく上林さんの胸から深い後悔が消えていった。

## 8　家族待つ決意

２００２年11月６日、真野町の曽我ひとみさんの実家を安倍晋三官房副長官＝当時＝と、中山恭子内閣官房参与が訪れた。拉致被害者５人を北朝鮮に戻さず、家族を日本に帰国させる政府方針を伝えるためだった。

「一時帰国」とされた当初予定では、ひとみさんは北朝鮮に戻るため10月26日に上京するつもりだった。実家の２階には日本酒など土産の入った段ボール箱が十数個も積まれていた。

安倍副長官は「政府が（北朝鮮に）残された家族の帰国を要求します。待っていてください」と迫った。中山参与が「時間がかかるとは思いますが」と付け加えた。

困ったような顔で、うつむくひとみさん。「日本で一生懸命、待ちます」と答えたものの、「長くなるとつらいです」とつぶやいた。面会後、周囲に「仕方ないですね」と複雑な心境を吐露した。

関係者によると、ひとみさんは10月15日の帰国前、北朝鮮で身の回りの世話をする指導員に

「日本に残るのも、また北朝鮮に帰ってくるのも、あなたの自由だ」と告げられたという。

ひとみさんの心は揺れていた。佐渡に帰って人々の温かさに触れ、「ふるさと」で暮らしたいという思いが芽生えた。だが、北朝鮮には「愛する家族」が待っている――。

悩んだ末、ひそかに「日本にとどまる」と決意を固め、23日に政府へ伝えた。翌日、政府は「国家の責任」として5人に日本に滞在してもらう方針を発表した。

自分の意思とはいえ、ひとみさんは安倍、中山両氏の訪問を受けたときも「(家族の帰国は)本当にうまくいくのだろうかと不安だった」と、後に打ち明けた。当時も支援者に「家族は心配していると思う。妻として母として耐えられない」と漏らした。「幸せな家族。バラバラになることはできない」。


ひとみさんの胸に引っかかることがあった。「お土産に冬物の服を買ってくるよ」――。北朝鮮をたつ前、長女・美花さん、二女・ブリンダさんと交わした約束だ。

ひとみさんは11月、政府の招きで上京した際、「買い物の時間をつくってほしい」と訴え、デパートへ向かい、コートとセーターを選んだ。店員から薦められても「いや、そういう色じゃない」とこだわった。

同行した関係者は「今の自分が精いっぱいできること、という気持ちだったのではないか。頭の中に2人の娘がいる、母親の顔をしていた」と振り返る。

'03年の年明け、家族からひとみさんに初めて手紙が来た。コートが届き学校に毎日着て行っていることや、友だちがうらやましがっていたことが書いてあった。美花さんは「サイズが少し小さかった」とも。

「ああ、きつかったか」。ひとみさんは思わずつぶやいた。海を隔てた娘への思いが、コートを通じて伝わった実感をかみしめた。

手紙の最後に、美花さんがたどたどしい日本語で書いていた。「お母さん、早く帰ってきてください。いつまでも待っています」。ひとみさんは涙が止まらなかった。

## 9　働き者の母

2003年12月28日、母・ミヨシさんの72回目の誕生日。曽我ひとみさんは、ささやかなプレゼントを用意し、自宅で静かに母の誕生日を祝った。

中身は誰にも教えなかった。母はどこかで生きている――。そう信じ続けることの証しでもあった。

2ヵ月前、「ミヨシさんたちを救出する全島集会」が開かれた。ひとみさんが強く希望した。「きてくれっちゃ」。自らあちこちに参加を呼びかけた。

開場前、入り口にはたくさんの人が列を作った。会場に到着したひとみさんは、それを見て歩み寄った。「皆さん、今日はわざわざきてくれてありがとう」。ハンドマイクを握り、感謝の気持ちを伝えた。

集会では、母への思いを切々と訴えた。「仕事から帰ってくると、夜はざるを編む内職をしながら、苦労の中で私と妹を育ててくれました」。時折、声を詰まらせた。

「私には、母の油の匂《にお》いが忘れられません」。満員に埋まった会場のあちこちから、すすり泣く声があふれた。

ミヨシさんは、中学卒業後に就職。茂さんを婿に迎え、ひとみさん、富美子さんをもうけた。セメント工場で働き、家計を支えた。油を型枠に塗り、コンクリートを流してセメント管を造る作業をしていた。ひとみさんが話した油の匂いは、この仕事でついたもの。その匂いの記憶は今も働き者の母の面影をよみがえらせる。

職場で同じ班作業をしていた羽生英子さんは、いつも昼食を一緒にとった。ミヨシさんはキュウリを持ってきて「みそつけて食うとうめえしの。食えっちゃ、食えっちゃ」と勧めた。羽生さんは「気のいい人だった」と懐かしむ。

きつい仕事をしながらも、娘のことをいつも気にかけていた。病院勤務2年目の4月、新しい職場に配属されたひとみさんに、そっと地元で穫れたサトイモ「八幡イモ」を手渡した。

「これ、母からですって、ひとみちゃんから渡されてね。会ったことはなかったけど、さりげない気配りのできる人だと思った」。同僚看護師の一人は振り返る。

一方で、ミヨシさんはひとみさんを誰よりも頼りにしていた。近所には「ひとみが看護師の資格を取ったので、少しは身が軽くなる」と、何度もうれしそうに話していた。

１９７８年８月12日の午後５時すぎ。仕事を終えたミヨシさんは「明日は日曜だし、ゆっくりお盆がやれるな」と羽生さんに話し、自宅へ帰った。数時間後、母と娘は北朝鮮に拉致された。ひとみさんが、成人式を迎える日も近づいていた。しかし、２人が人生の大きな節目を、一緒に喜び合うことはできなかった。

曽我家の裏手にある大願寺。敷地の一角に立つ地蔵堂に、「祈願　曽我ミヨシ」と背中に書かれた、小さな地蔵が置かれている。住職の母・臼木綾子さんがひとみさんの帰国後、ミヨシさんの無事を願って作った。「必ず姿をみせてくださいねと、時々声をかけています」

ひとみさんは「１時間でも、30分でも、母に何か親孝行をしてあげたい。そんな平凡で、当たり前のことが、したくてもできない」ともどかしさに耐える。

父・茂さんも気持ちは同じだ。「おれは母さん戻ってこんと、だちかんわさ（駄目だ）。生きていると信じとる」。

みんな、ミヨシさんが帰る日を待ち続けている。

## 10　世界一の家族

2002年10月15日、平壌空港。日本に帰国するひとみさんを見送るため、夫・ジェンキンスさん、長女・美花さん、二女・ブリンダさんが2階の一室にきていた。

面会に訪れた中山恭子内閣官房参与に、ジェンキンスさんが英語で語りかけた。「妻は20歳も年が離れている自分と結婚してくれた。主婦としてとてもいい家庭を築き2人の娘を育ててくれた。愛しているし、いないと生きていけない」。

傍らで娘2人も朝鮮語通訳を通じ、母への愛情をにじませた。「お母さんが日本に帰るのは久しぶり。おじいさん（曽我茂さん）たちに会って楽しんで来てほしい」。

出発直前、3人は連絡バスに乗るひとみさんを並んで見送った。美花さんが、少し離れて一人で立っていた横田めぐみさんの娘キム・ヘギョンさんを気遣い、手招きをして迎え入れた。ひとみさんを心配させないようにと、元気に手を振った。

「私には、おじいさん、おばあさんはいないの？」。美花さんが物心付いたころ、尋ねた一言がきっかけで、ひとみさんは、自分が日本から拉致されてきたことを初めて打ち明けた。以来、4人家族は互いを理解し合い、絆を確かめながら生きてきた。

ひとみさんは、集会に出席し、「こんな運命の中で出会い、芽生えた愛。そして、かけがえのない子ども。世界で一番大切な家族」（03年11月、鹿児島）と訴えた。

だが、周囲に家族への思いを口にすることはほとんどない。

仲間で行くカラオケ店。「人生、楽ありゃ、苦もあるさ」――。ひとみさんはドラマ『水戸黄門』の主題歌を探し歌った。吹っ切れたように、北朝鮮の民族歌謡を自慢のソプラノで披露したこともある。

お気に入りは『涙《なだ》そうそう』。会いたい、会いたいと切々と繰り返す歌詞が、ひとみさんの境遇と重なり、聴く側の琴線に触れる。友人は「今の彼女の心境そのまま。こちらが切なくて泣きたくなる」と口をそろえる。でも、ひとみさんは決して涙を見せない。

友人の一人は「家族の話をしないのは、言葉にできないくらいの思いがあるから」と気遣う。「時期がきて、彼女から話すこともあるだろうし、わからないままのこともあるだろう。私たちは彼女が安心できる存在でいてあげられたら、それでいい」と見守る。

夜、一人きりの部屋でひとみさんを励ますのは全国からの手紙だ。いつもテーブルの上に置いてある。何度も読み返し、午前2時まで返事を書くことも。数は減ったが、繰り返し手紙をくれる人たちの温かさが長い夜の支えになっている。

「二つの家族をバラバラにしたのは誰ですか。また一緒にしてくれるのは誰ですか。そして、それはいつですか」。'03年4月、会見でひとみさんが突きつけた重い課題に、答えが見つからない。

72歳になった父・茂さんも、妻・ミヨシさんやジェンキンスさん、孫たちとの対面に焦りを募らせる。「会いたいのはやまやまだ。長生きしておれと言われるけど、自分だっていつどうなるかわからんんちゃ」。

ひとみさんは自分に言い聞かせるように友人に繰り返す。「泣いたってどうなるさ。何も解決できん」。

佐渡を覆う鉛色の雲から、時折、白く雪化粧した金北山が壮大な姿を現す。山肌が緑に色づき、雪解け水が川に流れる春は、もうすぐ。ひとみさんは、冷え切った日朝関係が動きだし、家族が再会できる日を待ち続けていた。

# 第6章　工作員摘発に法の壁　曽我事件 検証編

日朝首脳会談2日後の2002年9月19日夜。北朝鮮による拉致事件を捜査する県警本部外事課のテレビに、5人目の拉致被害者を「ソガ・ヒトミ」と伝えるニュースが流れた。捜査員は「えっ」と驚き、課内に衝撃が走った。それは、24年前、旧佐渡真野町で母と一緒に失踪《しっそう》した当時19歳の准看護師の名だった。

会談決定前の同年8月、県警は内々に10人態勢の拉致事件専従班を設置、本部4階の一室で横田めぐみさん事件など過去の捜査資料の読み込みを始めていた。当時の捜査幹部は「拉致は本県最大の懸案。北朝鮮の協力者がいないか、もう一度徹底的に洗い直すつもりだった」と打ち明ける。

曽我ひとみさん（44）は1987年、大韓航空機爆破事件で明らかになった日本語教育係「李恩恵《リ・ウネ》」の捜査過程でリストアップされたが、年齢が違うなどの理由で外された。その後も地元で「拉致ではないか」と噂《うわさ》が流れ、再捜査したが、北朝鮮の関与をうかがわせる影は、浮かばなかった。

別の捜査幹部は悔やむ。「蓮池さんたちのようにカップルでなかったし、家出という先入観を持ってしまったのかもしれない。拉致という観点で、しっかり捜査していれば」

県警は'02年10月、現地を実況見分。航空写真と照合しながら、ひとみさんが政府調査団に証言した、現場の「大きな木」の場所を探したが、関係者の記憶があいまいで特定できなかった。母・ミヨシさん＝当時（46）＝の安否もつかめないままだ。

鍵を握るひとみさん本人の事情聴取も、家族の帰国まで慎重にならざるを得ない。県警幹部は「捜査はまだ始まったばかり。とにかく今は待つしかない」と語った。

なぜ、拉致は佐渡で起きたのか。なぜ北朝鮮は、日本政府が拉致被害者と認定していなかった、ひとみさんの存在を明らかにしたのか。関係者の証言を基に現場を歩き、曽我さん拉致事件を検証する。

## 1　佐渡は工作員の出入口

曽我ひとみさんと母ミヨシさん（当時46歳）が北朝鮮工作員に拉致された１９７８年ごろ、旧真野町四日町の現場に近い国府川や真野湾では、住民や漁師が北朝鮮の工作船に似た不審な船をたびたび目撃している。工作員の潜入・脱出にかかわった在日本朝鮮人総連合会（朝鮮総連）関係者の証言で、佐渡島全域が工作員の出入口にされていた実態が浮かび上がってきた。

拉致が判明した２００２年9月、ひとみさんの親戚の曽我千鶴子さんは会見で「娘が当時、むしろを立てたような古い木の船が国府川に泊まっているのを見た」と語り、不審船の存在が広まった。

実際に船を見た娘の悦子さんは今、当時の記憶をたぐりながら語る。「川ではなく、河口から約７００メートル離れた海岸の１００メートルほど沖だった。夏の夕方で、数人が乗れる程度の小さな釣り船の真ん中に４ヵ所棒を立て、上からござのようなものを掛けていた」。

車で通りがかりに見かけただけで、人が乗っていたかや船の大きさなどは定かでない。だが「見たこともない変な船」の気味悪さは、はっきりと覚えている。「ひとみもあの船で拉致されたのか。今思うと、ぞっとする」と振り返る。

当時、悦子さんの近所に住んでいた広川真由美さんも同じころ、国府川河口で、長さ５～６メートルの古い木造船を見た。

船内が見えないよう周囲にござが張り巡らされていた。「普段見ない船だから、怖いと思って遠巻きに見ていた」。船は数日後も同じ場所に泊まっていたという。

一方、国府川が注ぐ真野湾沖では、佐渡市吉岡の永井栄司さんが約20年前、漁の最中に濃い灰色の不審船を見た。追いかけたが、船は北に針路を取り、真野湾の先端の二見半島沖で姿が見えなくなった。「おれの船も時速40～50キロは出るのに、向こうは80キロくらい出たんじゃないか」。

国府川河口でコンクリート製造用の砂を取っていた同市豊田の松田雄次郎さんも、灰色の船を2隻、真野湾沖で目撃した。拉致事件判明後に作業日誌で確認したところ、それは事件の4～5日前だった。「地元の漁船はたいてい、船体が白いから、すぐに違うとわかる。何をする船だろうと不思議に思った」と述懐する。

船の正体は当時、不明だったが、'02年9月にわかった。鹿児島県・奄美大島沖で沈没した北朝鮮の工作船。2人はテレビで見て、「あのときの船にそっくりだ」と息をのんだ。

曽我さんが襲われた真野町以外にも、佐渡は全島で工作員の潜入・脱出ポイントが数多く指摘されている。ポイントの設定にかかわった朝鮮総連関係者の証言を得ることができた。

元朝鮮総連県本部副委員長の張明秀《チャン・ミョンス》氏は、新潟出張所経理課長時代の'64～'65年に佐渡で岬の写真を撮影した。

「当時の庶務課長に頼まれた。1ヵ所を指定されたが、場所は覚えていない。近くに集落のある岬だった。カメラごと渡されて何枚か撮影し、現像しないでそのまま返した」と証言する。

庶務課長は帰還船が新潟に入港するたび船内を訪れ、朝鮮労働党幹部と面会。朝鮮半島統一のため、韓国側の協力者を仕立てることを目的とした対南（韓国）工作の指示を受けていた。張氏は「写真は工作員の出入りに使われると、直感でわかった」と振り返る。

元朝鮮総連中央本部財政局副局長の韓光熙《ハン・グァンヒ》氏は著書『わが朝鮮総連の罪と罰』（文藝春秋）の

中で、'60年代後半につくった全国38のポイントを明らかにした。このうち佐渡は旧小木町宿根木、旧相川町藻浦崎、旧両津市黒姫の3ヵ所。

韓氏は現在、入院中。編者のジャーナリスト野村旗守氏によると、北朝鮮の工作船が、海側からみて接岸しやすい地点を写真に撮影し、韓氏の上司に届けた。韓氏はそれを基に現地を視察、写真やバスの時刻表などを報告書にまとめ提出した。

韓氏は白地図を見ながら、38地点にぱっと印をつけた上で「新潟は人柄がいいから、（工作に）動いても気にされなかった」と語った。

北朝鮮で工作員教育を受けさせるため、佐渡の海岸で在日の大学院生を工作船に乗せたこともある。

新潟からフェリーで両津へ渡り、ポイントまでバスで移動。暗くなるまで身を潜め、真っ黒な潜水服を着た工作員が岩を登ってくると、彼を引き渡してボートに乗せた。ただ、「具体的な場所はいっさい触れなかった」（野村氏）という。

韓氏の証言したポイントを確認するため、取材班は現場へ向かった。

'78（昭和53）年8月12日午後7時30分ごろ、ひとみさんと母・ミヨシさんは、旧真野町四日町の実家から約400メートル離れた雑貨店へ歩いて買い物に出かけ、帰宅途中、自宅から約100メートルのところで北朝鮮の工作員に拉致された。

ひとみさんの証言によると、2人が歩いていると、突然後ろに足音が聞こえ、振り返ると男3人が並んでついてきた。道路沿いに大きな木のある家の前にきたとき、後ろから襲われて木の下に引きずり込まれた。口をふさがれ、袋に詰められて1人に担がれた。

小さな舟に乗せられ、川から海に出たところで大きな船に乗り換えた。船でたどたどしい日本語を話す女性の声を聞いたという。

一緒に拉致されたミヨシさんの行方はひとみさんもわからず、北朝鮮当局は「承知していない。特殊機関工作員が現地請負業者から引き渡しを受けたのは曽我ひとみ1人だけ」としている。

## 2 警察が公表しなかった「工作員逮捕」

元朝鮮総連中央本部財政局副局長・韓光熙氏がつくったとされる、北朝鮮工作員の潜入・脱出ポイントを確かめようと佐渡島内を歩いた。その一つ旧小木町の宿根木海岸では、'72年、迎えの工作船を待っていた男が、新潟県警に逮捕される事件があった。県警関係者の証言で脱出現場の実態と、捜査の限界が浮き彫りになったのである。

宿根木事件で逮捕された男は、深夜の海岸で何をしていたのか。男は現地で「観光」と抗弁したが、県警関係者は「総連が男を工作船で北朝鮮へ送り出し、工作員教育を受けさせようとしたのではないか」とみる。

男は取り調べに対し、完全黙秘した。所持品は米軍基地に関する本や切り抜き、工作船との連絡用とみられる短波ラジオ。「工作活動」への関与をうかがわせたが、容疑はあくまでも外国人登録法違反。男は2日後、起訴猶予で釈放された。

元県警捜査員は「男は腕組みをしたまま、頑として口を割らなかった。工作員と疑っても、日本にはスパイ防止法がないから、どうしようもなかった」と振り返る。

男は以前から公安当局にマークされ、東京から佐渡へ向かう途中も行動確認されていた。'83年7月には、北朝鮮に漁船を密輸したとして、警視庁に外為法違反容疑で逮捕された。

だが、日本の法律では男は「工作員」として罪に問われることはなく、現在も日本に住んでいるとみられる。

一方、新潟県警は宿根木事件の前から、同所のほか旧赤泊村赤泊、旧相川町二見、同町の尖閣湾北東、旧両津市鷲崎などを佐渡島内の工作員潜入・脱出ポイントと想定。夜、現場に張り込んで不審船を監視し、住民の通報訓練を行うなど警戒していたが、佐渡での摘発は宿根木の1件だけだった。

元県警幹部は「あのころはまだ、北朝鮮の狙いは工作員の潜脱（潜入・脱出）だった。しかし、それを許したことが、拉致につながったのかもしれない」と唇をかんだ。

しかし、県警は、宿根木事件を公表しなかった。新潟日報だけが事件から4日後、独自取材で

「外国人登録法違反事件」と報じたが、記事は社会面1段扱いだった。

荒々しい岩場が約50キロ続く旧相川町の外海府海岸。中程に、海にせり出した岬、藻浦崎がある。現在は海浜公園になっているが、大きな岩山や周辺に点在する岩場が、工作員の潜伏場所だったのか。集落を訪ねたが、誰もが「そんなことは見たことも聞いたこともない」と口をそろえた。

旧両津市黒姫は、両津湾から北に続く内海府海岸にある約20戸の漁村。工作船が着岸できそうな岩場はないが県警関係者が「目印になる」と指摘する川が流れていた。

漁師の山本巳一郎さんは「30年余り海に出ているが、変な船を見たことはない。見た人がいれば噂になるが、この辺では誰も知らないのでは」と首をひねった。

黒姫から10キロ北の旧両津市鷲崎。ここで、1940年代から30年以上、国の委託で密航監視哨員を務めた男性によると、監視員は当時4人で、漁船から不審船の目撃情報が入ると、警察が監視員に警戒を発令、高台の哨台から沿岸を監視、付近を見回った。情報は夏場が多く、午後8時から午前零時まで警戒した。男性は「拉致なんて聞いたことがなかった。不審船や工作員を見たことはないし、事件があったのは宿根木だけ」と語った。

起伏の激しい黒い岩場が幾重にも連なり、白波が砕け散る宿根木海岸。

近くで民宿を営む石橋邦博さんの案内で、がけ下のトンネルへ入った。身をかがめて50メートルほど進み外に出ると、平らな岩場が広がっていた。32年前、２人の男が発見された現場だ。「ここは、かつて塩田として使われていた」と石橋さん。左手に小さな入り江があり、中は波が穏やかで、舟を寄せるには絶好の条件。夜は一面暗闇に包まれ、捜査員が潜む男の足につまずき、２人に気づいたという。

周囲には、洞穴も数多い。５キロほど西の高台には、沢崎灯台が海から突き出るように立つ。「工作員が出入りする場所の共通点は、隠れやすく、舟を着けやすい岩場で、灯台などの目標物がある。幹線道路も近い。宿根木はうってつけだ」。県警関係者の指摘通りだ。

県警は事件後数ヵ月間、現場脇の洞穴で暖を取り、３人交代で24時間警戒に当たった。石橋さんは「警察からまきを用意するよう頼まれた。10人ほどの捜査員が海岸一帯を捜索していたこともあった」と述懐する。

人を寄せつけない岩場が続く宿根木は、一方で江戸期の港町の姿を残す観光スポット。事件当時から、バスが通り、観光客が訪れていた。宿根木の称光寺住職・林道夫さんは「よそからきた人に無頓着なところがある。工作員が潜入しても怪しまれなかったのではないか」と指摘する。

住民からは、不審者の目撃情報を聞いた。「１９７０年ごろ、道端から男が手を挙げて出てきたので、車を止めて隣に乗せた。話しかけても日本語がわからないようだった。怖くなって小木交番の前で降ろしたら、佐渡汽船の方に歩いていった」。

宿根木では今も、国の委託を受けた密航監視哨員2人が週2～3回、夜間警備に当たる。2人を訪ねたが、「その件については話せない」と口をつぐんだままだった。

1972（昭和47）年3月13日深夜、旧小木町宿根木の海岸で、不審船を警戒中の旧相川署員が、岩場に腹ばいになって潜んでいた外国人の男2人を発見した。

外国人登録証明書の提示を求めると、1人は日本名の入った定期券を提示、日本人だと主張。任意の身体検査で同証明書が見つかったため、外国人登録法違反（提示拒否）の疑いで逮捕した。

県警関係者によると、男は韓国籍で当時32歳の中大法学部生。朝鮮総連傘下の朝鮮留学生同盟に所属していた。もう1人は朝鮮総連福岡県本部幹部。同証明書を提示したので罪に問われなかった。

同署は同日正午ごろ、石川県沖に不審な船がいると連絡を受け、沿岸を警戒していた。同署員は2日後の15日午前零時ごろ、小木沖1000メートルでのろしが上がり、懐中電灯のようなもので信号が送られてくるのを確認した。

## 3　ひとみさんが狙われた「理由」

北朝鮮は2002年9月の日朝首脳会談で突然、日本政府が拉致と認定していなかった曽我ひとみさんの存在を明らかにし、帰国させた。北朝鮮の思惑とは何だったか。拉致に協力した「現地請負業者」は存在するのか。一緒に襲われた母・ミヨシさんの消息は――。今なお残る不可解な点を、元北朝鮮工作員や識者に聞いた。

元北朝鮮工作員の安明進《アン・ミョンジン》氏は「北朝鮮は被害者全員を帰すわけにいかないが、誠意を見せる必要があった。だから日本側の名簿にもない一人を追加で入れた」とみる。発表が事実だと思わせることで、横田めぐみさんらほかの被害者を「死亡」とし、拉致問題の幕引きを図ったという見解だ。

では、なぜひとみさんが選ばれたのか。ひとみさんは元米軍脱走兵のジェンキンス氏と結婚。娘2人にめぐまれ、主婦として生活していた。「重要な工作活動にかかわってこなかったので、北朝鮮にとって安心」というのが、識者の一致した見方だ。

特定失踪者問題調査会の荒木和博代表は「米国人と結婚したのだから、ひとみさんは必ず戻ってくると、北朝鮮は判断したのだろう」と推論する。

1978年に拉致されたレバノン人女性が、北朝鮮で米国人と結婚、レバノン政府の抗議で翌年帰国しながらも、再び北朝鮮に戻る出来事があったという。判断の裏に、こうした前例が影響したことは想像に難くない。

一方で、北朝鮮は米国との交渉も意識していたとみられる。現代コリア研究所の佐藤勝巳所長は「米国がジェンキンス氏を帰してくれといってくれれば、外交カードの一つとして、対米交渉が有利に運べると読んだのでは」と分析する。

しかし、北朝鮮には「二つの読み違え」（同所長）があった。一つは米国が反発し、ジェンキンス氏が来日した場合、刑事訴追する強硬姿勢を崩さなかったこと。

もう一つは、ひとみさんの存在によって、日本国内で「あの行方不明者も拉致ではないか」と、真相究明を求める世論が高まったことだ。被害者の支援団体「救う会」には問い合わせが殺到、同調査会が発足し、３００人以上の失踪者の調査をしている。

同調査会の荒木代表は「北朝鮮はつまらない発想で、結果的に墓穴を掘った」と指摘した。

北朝鮮は'02年10月、日本政府調査団に対し、曽我さん事件について「特殊機関工作員が現地請負業者（日本人）に依頼し、引き渡しを受けた」と説明した。日本側の協力者に言及したのは、これが初めてだ。

現地請負業者とは何か、本当に日本人なのか。新潟県警捜査本部は「どんなものかわからない。北朝鮮の一方的な発表だし、捜査を攪乱する目的かもしれないので、惑わされない」と冷静に受け止める。

現代コリア研究所の佐藤所長も「北朝鮮だけでなく、日本人にも協力した人間がいるんだと責任を分散させる意味合いでは。向こうの言い分に引っかからない方がいい」と疑問符をつける。

ただ、事件はお盆前夜のまだ暗くない時間帯にもかかわらず、目撃証言がないことから「用意周到な犯行」（県警幹部）とみられ、何らかの協力者はいたとの見方が有力だ。

一方、佐藤所長によると、ひとみさんは帰国前、身の回りの世話をする指導員に、日本の家族の消息を尋ねた。指導員は母については「わからない」と言葉を濁したが、「父は元気。妹は結婚した」と即答したという。

「地元に詳しくないとわからない話。旧真野町周辺から、情報を取るルートがあったのではないか」と同所長。「金銭の授受があるのか、北朝鮮の主体思想に共感したのか、理由はどちらも考えられる。当時何らかの形で協力した人が、県内外から島に出入りしていたことは間違いない」と語った。

佐渡では'74年、旧新穂村で失踪した新潟県職員、大澤孝司さん（当時27歳）の事件も未解決。県警は「拉致協力者」の観点でも、捜査の洗い直しを進めている。

拉致被害者のうち親子で襲われたのは、ひとみさんとミヨシさんだけ。特定失踪者問題調査会にも同様のケースは届け出がない。荒木代表は「親子というよりも、北朝鮮はひとみさんを狙い、一緒にいたミヨシさんも連れて行ったと考えられる」と語る。

ひとみさんは当時、佐渡総合病院の准看護師。荒木代表は「看護師など医療関係者の失踪は多い」と指摘。県農地事務所職員の大澤さんのように、技術者が狙われたと思われるケースはほかにもあるという。

拉致の対象者は男性が多いことから、ひとみさんは、被害者男性の「結婚相手」として選ばれたとの見方もある。「生活を安定させるために女性が必要だった」と元北朝鮮工作員の安氏。現代コリア研究所の佐藤所長によると、ひとみさん本人も「お嫁さん候補だったのでは」と話しているという。

一方で、安氏は「日本人なら誰でも、工作員に日本語を教えることができると考え、拉致できる人をどんどん連れて行った時代もあった」と偶然の可能性も指摘した。

北朝鮮はなぜ、一緒に拉致したミヨシさんについて「承知していない」としたのか。安氏は「拉致した人間の数が多くて、当局は完全に把握しきれていない。実行犯の工作員が、ひとみさん1人だけだと言い張り、上司に報告していないのではないか」と推測した。

# 第7章　生きていれば……　地村事件

## 1　軽トラデート

１９７８年7月7日、福井県小浜市で地村保志さん（当時23歳）と浜本富貴恵さん（同）が忽《こつ》然《ぜん》と姿を消した。保志さんの父・保さん（77歳＝２００４年4月当時＝以下同）は、その朝の息子の表情を鮮明に覚えている。

保志さんはこの日、マイカーでなく、父が仕事で使う軽トラックをわざわざ借りて出勤した。夜、富貴恵さんとデートなのに。

「軽トラじゃあ、デート中にガタガタするぞ。軽トラでデートなんて、おまえら見ものやなー」。父がからかうと、息子は照れ笑いを浮かべ自宅を後にした。

２人は1週間前の6月30日、結納を交わしたばかり。秋に結婚予定だった。

軽トラ・デートには理由があった。保志さんは、スポーツカータイプの愛車で浜本家を訪れた際、富貴恵さんの兄・雄幸さん（75歳）にいさめられたことがあった。「そんないい車に乗って、所帯やろうと思ったらえらい（きつい）ぞ」。早く亡くなった両親に代わり、年の離れた妹を育てた兄の「親心」から出た苦言だった。

「父ちゃん、軽トラ、貸してくれ」。妙な申し出に父は「まともに（雄幸さんの話を）聞きおって」と息子のきまじめさに目を細め、からかったのだ。「軽トラの左の窓開けて、やっちゃん（保志さん）が照れ笑いしとった。それがずーっと、忘れられなんだ。北朝鮮におるというまでは、これが最後の姿やった」。

「もう帰ってくるやろ」。この夜、保さんは妻・と志子さん（故人）と何度もそう言って息子を待った。1時間、また1時間。と志子さんはそのたび、夕食の「おつゆ」を温め、風呂も沸かし直した。気がつくと空が白み始めていた。

一方、浜本家では門限の午後10時を過ぎても富貴恵さんは戻らなかった。いつもなら午後9時には帰るのに何の連絡もなかった。「どないなったんやろ」。兄も一睡もせず朝を迎えた。

「地村さんのところにおるんか」。雄幸さんの電話の声は少し怒気を含んでいた。「こっちにはおらん」。異変が起きていた。ただ、8日は土曜日。「どこかに行っとるかもしれんし、警察に届けるのはちょっと待とう」。

保さん、雄幸さんは、事故を念頭に海岸通りを捜し始めた。車で10メートルほど行っては下りて崖下を調べた。車が落ちたなら草が倒れているはずだ、と気をつけて見た。小浜市だけでなく近隣町村の海岸沿いも捜したが何もなかった。

失踪《しっそう》3日目の10日朝、警察から地村家に連絡があった。だが、2人の行方ではなく苦情電話だった。「車が置きっぱなしで困る。動かしてほしい」。

小浜市中心部に近い小浜公園の展望台。海沿いの標高70メートルほどの小高い丘の上に、保志さんが乗っていた白の軽トラックが置かれていた。鍵を差したまま、窓も開いたままだった。

保さん、雄幸さんとも、その下の海岸通りは何度も調べたが、展望台は「人目を忍ぶアベックの行くところ。婚約中の2人が行くところやない」（保さん）と対象から外していた。

保さんらは初めて警察に事情を説明した。すぐ鑑識が軽トラックを調べた。警察や地元の消防団も出て海沿いに大がかりな捜索を行った。しかし目撃情報はなく、消息につながるものは見つからなかった。七夕の夜、若いカップルが星のよく見える展望台から消えた痕跡だけが残っていた。

## 2　尋ね人

「この中におるんやないか」——。婚約中の地村保志さんと、浜本富貴恵さんがいなくなって約1週間が過ぎた1978年7月中旬、保志さんの父・保さんは京都市の繁華街・新京極の入り口に立っていた。

小浜は北陸だが京都府舞鶴市まで30キロ余りとほぼ関西圏である。若者は休日には京都に遊びに行くことが多かった。保さんはそこに目をつけ京都へ向かった。

毎朝4時に起きてハンドルを握り、夜遅くまで新京極で食い入るように人波を見つめ続けた。出入り口に横づけした路上駐車を警察に怒られ、30分ごとに車を少しずつ動かしながらの執念の捜索。しかし1週間たっても収穫はなかった。

徒労感を引きずり小浜に戻ろうとしたとき、新聞社の看板が目に入り飛び込んだ。「息子がいなくなった。万が一、紛れ込んでおったらと、ずーっと見にきてる。でもおらん。できたら尋ね人出しとくれんか」。

相手は最初、「出したるけどカネ」と話したが、保さんが持参した「謎の失踪」「家出の動機なし」などの記事の切り抜きを見て対応が変わった。「特殊なんでカネはいいわ」。

紙面に出て次の日、タクシー運転手が名乗り出た。「きのう乗せた」。保さんは色めき立ち、小浜署に連絡、すぐ調べたが人違いだった。「行き先は高級ホテル。考えたら2人はそんなカネ持ってへん」。保さんは小浜に戻り、半年間、仕事もほとんどせず捜し回った。

「いなくなったということで、ひどい風評とか、噂《うわさ》とか、ちまたに流れた。えーことは一つも出なかった」。失踪後のつらい日々を富貴恵さんの兄・雄幸さんは、遠い目をして振り返る。

乗っていた車を投げ捨てるかのようにいなくなったアベックに「暴力団関係のトラブル」「三角関係のもつれ」など心ない中傷がささやかれた。「でっち上げばかり。腹立たしい時期がずっと続いておった」。年の離れた妹をわが子のように育てた兄には、それがたまらなかった。

失踪から1年半後の'80年1月7日、サンケイ新聞が、保志さん、富貴恵さんのほか、鹿児島県と新潟県柏崎市でのアベック失踪事件、富山県高岡市での未遂事件を合わせて「外国情報機関が関与？」と初めて報じた。

「あの記事が精神的には大きな救いになった。いろんな風評がそこで吹っ飛んだわけや。言い方は変やが、北（朝鮮）に拉致されたことが一つの救いになったわけよ」

記事をきっかけに3事件の家族は連絡を取り合い、テレビの尋ね人番組に出たが、なしのつぶてだった。'88年には富貴恵さんが大韓航空機爆破事件の金賢姫《キム・ヒヨンヒ》の教育係・李恩恵《リ・ウネ》ではと、一時騒然となった。国会で北朝鮮による拉致の疑いを認める政府答弁もあったが、世論は盛り上がらなかった。

「私らのできることは署名しかない」。ただ国に陳情するのでなく、数多くの署名を背景に国に救出を働きかけたい。'97年「家族会」結成後、保さん、雄幸さんは、署名集めに力を注いだ。2人は元市教育長の池田欣一さんに頼んだ。「救う会の会長をやってほしい」。事件当時、地元区長会長として捜索に協力した池田さんは「ずっと気にしていた。及ばずながらやりたい」。

街頭に初めて立った池田さんは厳しい現実に驚いた。署名する人はまばら。ほとんどは無関心に通り過ぎた。「これではあかん」。深い溜め息をついた。

## 3　亡き母の無念

手が震え、なかなか線香に火がつけられなかった。両手で持ちようやく火をつけ、仏前の遺影を見据えた。「お母さん、今、帰りました」。泣きながら振り絞るように声を上げ、手を合わせた。2002年10月17日。地村保志さんが、24年ぶりに戻った自宅には、最愛の母・と志子さんの姿はなかった。

と志子さんは半年前の同年4月6日、市内の病院で亡くなった。保志さんが婚約中だった富貴恵さんといなくなって2年後の1980年、脳梗塞《のうこうそく》から寝たきりに。息子を待ち続けたまま74歳の生涯を閉じた。

と志子さんと夫の保さんに授かったのは男の子2人。保さんによると、二男の保志さんは「お母さん子」で、と志子さんも「やっちゃん、やっちゃん」と呼びかわいがった。

地村家は市郊外の農村部にあり、工務店を経営する兼業農家。母がもっぱら農作業をやり、朝から夕方まで田んぼにいる働き者だった。保志さんは小学校から帰ると田んぼに行って、母の横で過ごしたという。

保志さんの小学校の同級生で、近所に住む森本信二さんは「遊びに行くと、シンちゃんと言うてよくしてくれて、ほんまええお母さんやった」と振り返る。

保志さん、富貴恵さんがいなくなった翌日の'78年7月8日は、と志子さんの誕生日だった。保志さんは、富貴恵さんも呼んで自宅で「誕生会」を開こうと話していた。だが、愛する息子とフィアンセは何も告げず突然消息を絶った。

母は何日も泣き暮らした。そして「やっちゃん」と呼びながらぐるぐると家の周りを歩くようになった。しばらくして、と志子さんは心労から体調を崩し、ついに寝たきりになった。

保さんは、と志子さんの介護をほとんど一人でやり続けた。「会いたい、会いたい」と、涙を流すと志子さんに、北朝鮮による拉致が濃厚になってからは「北朝鮮におることがわかった。必ず戻るからお前も頑張れ」と、手を握り励ました。

一方、'97年の家族会結成後、保さんは富貴恵さんの兄・浜本雄幸さん、元市教育長の池田欣一さんの3人で、署名集めを本格化させた。

森本さんはそんな3人を見て「みんな70歳以上のお年寄り。自分たち、同級生や若いもんが動かないと」と、自発的に運動に参加。'98年秋には福井県の「救う会」事務局長に就任し、唯一の若手として少数精鋭の会を切り盛りした。

保さんが活動で忙しくなった2000年ごろ、と志子さんは特別養護老人ホームに入所。'01年秋には市内の病院に入院した。「お母さんの具合が相当悪い」と聞いた森本さんが見舞ったのはそのころだ。

「森本です」と言うと、と志子さんはぼろぼろと涙を流した。救出運動に取り組む森本さんへの感謝を表そうとしてか、左の手を拝むようにして、何か話そうとした。言葉にはならなかったが、森本さんには「保志に会いたい」と聞こえたような気がした。

「あれを見たら、何とか早う会わしてやりたい。それだけですわ」

息子を思う母の壮絶な姿を目の当たりにして、森本さんは、北朝鮮に拉致されていることがわかりながら、何の手だても講じない政府の姿勢に心の底から憤った。

夫も妻の死に目に会えなかった。保さんは拉致問題解決の協力要請のため韓国を訪問、小浜へ戻る途中だった。「せめて安否だけでも聞かしてやりたかった」。

## 4　念願の吉報

2001年12月20日の昼下がり、福井県小浜市のホテルの一室で、拉致被害者「救う会」全国協議会事務局長（当時）の荒木和博さんは切り出した。「情報が入ったのでお伝えします。お二人は、北朝鮮にいます。結婚して、子どももいるそうです」。北朝鮮にルートを持つ日本人からの情報だった。

荒木さんに相対していたのは、地村保志さんの父・保さんと、富貴恵さんの兄・浜本雄幸さん、それと「福井救う会」会長の池田欣一さんの３人。荒木さんは、情報の信憑性はわからないが家族には伝えるべきだと踏み切った。

池田さんは「いいニュースやなぁ。いい正月になる」と話した。２人とも喜んだ表情は見せたが慎重だった。雄幸さんは振り返る。「半信半疑だった。事実やったらいいけどなぁと思った」。保さんは「死んだと思ったことはないから、びっくりしたというより、当たり前だ、と確信がついた」。受け止め方は三者三様だったが「口外しない」との約束を守り、胸の奥にしまい込んだ。

〝吉報〟が事実に変わったのは翌'02年の９月17日。小泉純一郎首相が訪朝し、金正日《キム・ジョンイル》総書記が拉致の事実を認めたときだ。家族会のメンバーは東京・外務省飯倉公館で家族ごとに呼ばれ、北朝鮮が明らかにした安否情報を伝えられた。保志さん、富貴恵さんは生存していた――。

雄幸さんはそのときの気持ちを述懐する。「びっくりしたいうんか、うれしいんか、何かわからんような感情やった。みんな死んでいるわけで、何でうちだけ生きとるんだろう、生きとるんならみんな生きとってほしい。つらい状況でした」。

北朝鮮にいた２人との再会は10月15日、抜けるような青空の東京・羽田空港。保さん、雄幸さんたちが見守る中、チャーター機のハッチが開き、中山恭子内閣官房参与とともに、保志さん、富貴恵さんが降りてきた。

こわばった表情の保志さんとは対照的に、にこにこと笑顔を見せる富貴恵さん。「実際に見るまでは（富貴恵かどうか）信じられん」。9月に生存が伝えられて以降も一抹の不安を抱いていた雄幸さんは、ようやく確信した。「富貴恵だ」。

24年ぶりに日本の土を踏んだ富貴恵さんに雄幸さんは一言、「お帰り」。「今、帰りました」。肩を抱いた。涙が止まらなかった。


「拉致された人間が何で北朝鮮に戻らなあかんのや」。帰国した15日夜、都内のホテル。富貴恵さんを囲んで、雄幸さんら兄弟7人は口々に日本に残るよう説得した。

「お前らに何の罪もない」、「国の大きな問題を背負うことはない」。兄弟はたたみかけるように迫った。富貴恵さんは、国交正常化交渉が円滑に進むための使命を帯びてきたこと、いざこざが起きると使命を果たせなくなるなどと説明、「子どものことが心配」と訴えた。

雄幸さんは「子どものことは政府間に任せたらええ」、最後には「わしの言う通りにせえ」と念押しした。富貴恵さんは「わかりました」とだけ答えた。夜は明けていた。

雄幸さんは16日朝、安倍晋三官房副長官（当時）に「絶対に帰しません。政府としても帰さないでください」と直訴した。このころ、政府、マスコミを含め世間はまだ「一時帰国」と認識していた。しかし雄幸さんは四半世紀待ち続けた吉報を決して離すことはしなかった。

## 5　子を待つ夫妻

保志さん、富貴恵さんは帰国後、日曜夕方に、富貴恵さんの実家に当たる兄・浜本雄幸さんの家をよく訪れる。雄幸さんは漁業の傍ら、民宿を経営。夏は海水浴客、冬は名物のふぐ料理目当ての観光客でにぎわう。客が引ける休日の夕方が親族の触れ合いのときだ。

雄幸さん宅は、妻と息子夫婦、孫たちの8人家族。みんなのアイドルは末の孫の愛ちゃん（7歳）だ。保志さん、富貴恵さんと卓球をしたり、ピアノを弾いたり、歌を歌ったり。「きゃっ、きゃっ」と2人と孫の笑いが絶えない。それを見て雄幸さんは目を細める。「ここにくるのが一つの息抜きになっとるんや」。ただ「我慢しろ、それしか言えないのがつらい」とも言う。もう1年半がたっていた。

保志さんの高校時代の同級生、赤尾寿夫さんは、妻が富貴恵さんの中学時代の同級生ということもあり、互いの家を行き来し、一緒に花見に出かけるなど家族ぐるみで親しくつき合う。保志さんについて「1月には、子どもが帰ってくるかも、と笑顔もあったが、3月以降は落胆している」と話す。

実は赤尾さんは夫妻が帰国するまで、署名など支援活動に無関心だった。「罪の意識で突き動かされるように始めた」。帰国直後、高校の同級生に呼び掛け200通を超える手紙を集め手渡した。地村夫妻を講師に招き朝鮮語講座を開いたり、署名活動をしたり奔走した。今一番の心配は拉致問題の風化だ。

「一緒にやってきた同級生が一人、一人抜けていく。これまでは政府、北朝鮮へのアピールだったが、これからはもう一度拉致問題を認識してもらえるよう、同級生、市民との闘いだ」。保志さんの小学校の同級生、森本信二さんらと次に何をするかを模索する。

夫妻を勇気づけようと始めた支援活動。しかしいま赤尾さんは「私たちの方が教えられている」。長男も夫妻と触れ合ううち、自ら署名活動をするようになり、自分への接し方も変わったという。北朝鮮で生き抜き、日本で子どもを待つ2人から「生きる大切さと尊さを学んだ」。

保志さんの父・保さんも夫妻の子どもの帰国を待ちわびる。祖父としての感情もあるが、拉致問題の解決につながると思うからだ。

「子どもらが帰らんと言えんことがあるんや」と夫妻を思いやる。「横田さん、増元さん、みんな、死んどらんよ。やっちゃんは、元気でいてほしい、と言うて、死亡した、と言わんもん」。保さんは北朝鮮に拉致された可能性がある「特定失踪者」の写真を大きくして保志さんの住まいに運ぶ。「みんなお前ら頼りにしとる。言うときたら、はっきり言わなあかん」。

'04年4月16日、小浜市役所で開かれた「帰国1年半」会見。保志さんは「子どもたちの帰国が長引くに連れて、焦りとか苛立《いらだ》ちが日増しに増えてきているというのが正直な心境」「拉致問題を風化させることなく、いろんな形で常に頭に置いていただいてご支援ご協力をいただきたい」と呼びかけた。

富貴恵さんも「長引けば長引くほど子どもたちの心が私たちから離れていかないかなと心配している」と心情を吐露。最後に「最近でも励ましの手紙やはがきがくるけど、私たちのために頑張られたという人がおる。やっぱりそれは負けたら駄目やいうんか、そういう気持ち強いんで、これからもお父さんと仲良く元気に頑張っていこうという考えです」。この日、唯一、少しだけ笑った。

# 第8章　今も待っている

## 〈田口事件〉1　金賢姫の教育係

「なんだ、これは」。１９９８年9月。当時21歳だった飯塚耕一郎さんは動揺した。海外出張でパスポートを用意するため申請した戸籍謄本に記された「養子」。両親の欄にはまったく知らない「田口」の名前。夜、アパートで独り考え込んだ。両親は、これまで温かく育ててくれた飯塚繁雄さん（65歳＝２００４年5月当時＝以下同）夫妻とは別人なのか——。

1週間思いめぐらしたが、聞く覚悟を決めた。埼玉県上尾市の実家へ行き、繁雄さんに尋ねた。「おやじ。事情はあるんだろうけど、聞かせてくれよ」。

すし店に入った。繁雄さんは、耕一郎さんが成人したらすべてを打ち明けるつもりだったが、言えずにいた。やっと機会がきた。そんな安堵も感じながら、ビールで口を湿してから、ゆっくりと切り出した。

「田口八重子はおれの一番下の妹で、お前はその息子だ」。彼女が突然失踪《しっそう》したため当時1歳の耕一郎さんを引き取って育てたこと、いとこの一人が実は耕一郎さんの姉であることを伝えた。耕一郎さんは「そっか。へーそうなの」と表面的には冷静を装った。言われてみれば、3人の姉や兄とは顔があまり似ていない気がする。「家族の構成はわかった。でも、八重子さんという人は今、どうしてるの」。

「さすがに、それはここでは言えない」

実家に戻り、飲み直した。母は'78年、北朝鮮に拉致された八重子さん（当時22歳）で、大韓航空機爆破事件の実行犯とされる金賢姫《キム・ヒョンヒ》元工作員に日本語や習慣を教える係の「李恩恵《リ・ウネ》」である可能性が濃厚という。

最後に繁雄さんは、黒い手帳から、20年間肌身離さず持ち歩いた、一葉の古びた写真をすっと取り出した。「お前の母さんだ」。

耕一郎さんは振り返る。「あれほどの大事件だったにもかかわらず、ずっと気づかないで成長できたことを思うにつけ、本当に大事に育ててくれたんだなと、生みの親が違ったことのショック以上に、感謝だけでした」。

繁雄さんは、すべてを伝えたときの耕一郎さんの言葉を忘れない。「（繁雄さんと妻の）2人が今も、おれのおやじと母ちゃんだ」。世間の好奇の目から守ろうと必死に育ててきた日々だったが、少し肩の荷が下りたような気がした。

その後、耕一郎さんは、アパートのパソコンに向かい、インターネットで大韓航空機爆破事件を調べた。ソウル金浦空港に移送された金元工作員が、口に自殺防止用のマウスピースを当てられ、両脇を抱えられてタラップを降りてくる画像。小学生のころ漠然と「怖い事件だな」とテレビを見た記憶がよみがえった。

「拉致とか李恩恵とか聞いても、当初はあまりにも唐突すぎて現実感がなかった。ただ時間がたつにつれ、受け入れなければならない事実として、重くのしかかってきた」

2004年2月23日、都内のホテル。耕一郎さんは、初めての会見に臨んだ。無数のフラッシュが光る中、一瞬「どうして自分が、こんなところにいるんだろう」という戸惑いも感じたが、声を振り絞った。「田口八重子の長男です」。

日朝首脳会談があった'02年9月以降、繁雄さんが矢面に立ってきた。その姿に、耕一郎さんも長期出張中の欧州から「おやじ大丈夫か。おれも出ようか」と気遣っていた。だが、「まだタイミングではない」と待つよう諭されてきた。

八重子さんら安否不明者問題は解決の兆しすらない。「永住帰国した被害者5人の家族帰国で拉致問題が幕引きにされ、このまま忘れられたくない」と判断し、耕一郎さんは公の場へ名乗り出た。母の存在を初めて知った「あの日」から6年。「悲しい国」と感じている北朝鮮から、母を奪還するための第一歩を踏み出した。

## 2　ベビーホテル

「やはりあの子は、新潟から連れ去られたんじゃないかと。想像するだけでたまらないよね」。八重子さんの叔母、新潟県佐渡市（旧相川町）の本間敏子さんは重い口を開き始めた。

記憶は、30年以上前の夏にさかのぼる。八重子さんが高1の夏休み、本間家の玄関前に立っていたときのことだ。「顔を見にきたと寄ってくれてさ。主人が中へ上がれと勧めたけど、友人が待ってるからと、そのまま帰っちゃった。まさか、それっきりになるとはさ」。

八重子さんの母・飯塚ハナさん＝故人＝も旧相川町の出身。調理師として上京し、苦労しながら子どもたちを育てた。余裕ができてからは何度か、八重子さんも連れて佐渡や新潟を訪れている。

「第二の故郷」のように愛着を持っていたという八重子さんは、失踪直前、周囲に「新潟に旅行に行く。景色もよくて、思い出があるところ」と語っていたとされる。

２００２年10月に北朝鮮が出してきた情報では、八重子さんが「３日くらいなら観光がてら北朝鮮へ行きたい」との意向を示したため、工作員が宮崎県青島海岸から連れ去った――となっていた。

だが、失踪直後、佐渡近辺にいた北朝鮮工作船のものとみられる不審電波を日本側が傍受して

初めて会見で母・田口八重子さんを取り戻す決意を語る飯塚耕一郎さん（右）と、育ての親・飯塚繁雄さん▼（2004年2月23日、都内のホテル）

◀1978年に拉致された田口八重子さん（当時22歳）

おり、北朝鮮発表の信憑性に疑いを持つ人が多い。

「子を抱える母親が、遠くまで何日も遊びに出るでしょうか。だけど『ちょっとだけ新潟の海を見に行かないか』と誘われたら、つい気を許したのかも」。本間さんはつぶやいた。

'78年6月、八重子さんが突然姿を消した。家庭を顧みない夫と別れ、1歳の耕一郎さんと2歳半の長女（現在28歳）を連れて東京・池袋のアパートに引っ越し、春に入店した職場にも慣れてきたころのことだった。

池袋の「ハリウッド」で当時店次長だった山田光明さんは「年齢の割に大人っぽい雰囲気で、すらっとした美人。『ばかじゃない』が口癖の聞き上手で、多くの従業員の中でも有望株だった。まじめな子という印象が強い」と述懐する。

深夜帰宅の際に子どもを起こさなくてもいいように、高田馬場のベビーホテルを利用していたが、「迎えにこない」との連絡が店に入った。店からの電話を受けた八重子さんの長兄・飯塚繁雄さんが駆けつけた。とりあえず2人の子は連れて帰った。

八重子さんのアパートの中に入ったが、誰もいない。新しい家具や食器がそろえられ、きちんと整理されていた。再出発への決意が感じられた。繁雄さんは「弱音をあまり吐かず、やりたいことをやってのける勝ち気な性格でした。ただ、もっと相談に乗ってやればよかった。心残りは今もある」と語る。

警察当局は、「宮本明」と名乗る北朝鮮工作員が何回か店を訪れ、八重子さんを指名していたことを突き止めており、「宮本」が拉致に関与した疑いを強めている。だが当時の繁雄さんたちが、失踪に「北の影」を想像できるはずもなかった。

大韓航空機爆破事件の実行犯、金賢姫元工作員の証言で明らかになった「李恩恵」の存在。'90年3月に札幌で開催された冬季アジア大会のニュースで流れた「千歳空港」の響きが、金元工作員の記憶をよみがえらせた。

「彼女は私にかわいい日本の名前をつけてあげると言って、紙に書き並べた。『ちとせ』と書くと、慌てて名前を消し去った」。ハリウッドでの八重子さんの源氏名は「千登瀬《ちとせ》」だった。

この証言などから、警察は「恩恵は八重子さん」と断定するに至り、続いてマスコミが飯塚さん家族の元へ押し寄せてきた。それは、八重子さんの2人の子どもを世間から守り抜く闘いの始まりでもあった。

## 3　加害者扱い

2004年2月28日、埼玉県川口市の寺。八重子さんの母・飯塚ハナさん（享年79歳）の十三回忌法要が催され、親族十数人が集まった。

生前ハナさんは、八重子さんの2人の子の先行きを心配し、当時1歳だった長男の耕一郎さんを長兄・飯塚繁雄さんに、2歳半の長女は次姉が引き取るように決め、養子縁組を段取った。十三回忌には成長した2人も出席。5日前に耕一郎さんは初の会見で公の場へ名乗り出たばかり。霊前で親族は「立派な青年になった」と次々と語りかけた。

表には出ない長女も、母を取り戻したい思いを弟に託した。「耕ちゃん、頼むね」。いとこ同士として別々に育った姉弟だが、この日はお膳が並べられた部屋で、にこやかな表情で一緒に記念写真に収まった。

繁雄さんも胸をなで下ろした。「八重子が帰ってきても、お前の子どもをちゃんと育てたよと言えるな」。興味本位の世間の冷たい目から、子どもを守り抜いた日々を思い起こした。

1991年5月、「ちとせ」の情報から対象を絞り込んだ警察庁が「李恩恵は、埼玉県出身の『T・Y』であり、拉致されてきた可能性が高い」と発表。報道では匿名扱いが条件だったが、直後から報道陣が親族を囲んだ。

まず殺到したのは、当時次兄・飯塚進さん一家が住んでいた川口市の八重子さんの実家だ。24時間家族の出入りを監視され、近所に聞いて回られた。

「拉致」の言葉自体が一般的でなかった時代。誤解や偏見も多かった。進さんは「知人に『妹さん、今、出てるよ』と連絡されてテレビをつけると金賢姫元工作員だった。夜には『教育係になった方の実家ですか』『非国民め』といった嫌がらせの電話が何度も……」と苦々しく振り返る。

佐渡の親族や、体調を崩して老人施設にいたハナさんまで騒動に巻き込まれた。ハナさんは「八重子はどうなってる」と最後まで娘を気にかけながら翌年3月、亡くなった。だが、葬式にもカメラが向けられた。

上尾の繁雄さんの自宅にも報道陣が押し寄せた。何よりも恐れたのは、中学生になった耕一郎さんの耳に入ってしまうことだった。

かつて繁雄さんは、耕一郎さんを引き取る前に、9歳を頭に3人いる子どもたちに「親が違うなんて言っちゃいけないよ」と諭した。子どもたちは約束を守ってくれた。妻も仕事を辞めて子育てに専念し、分け隔てなく接してくれた。

一方、八重子さんの長女は小学校に上がる前から「実は（耕一郎さんは）弟なの」と気づいていた。だが、周囲の様子から、子ども心に察したのか、事実をずっと胸にしまい込んだまま、親族が集まる正月やお盆に、いとこの一人として遊んでくれた。

「もし不意に、マスコミから耕一郎に事実が伝わってしまったら、多感な時期だけにショックでぐれたりしないか。周囲の苦労が水泡に帰すのではないか」

それだけに、繁雄さんは自宅のチャイムが鳴るたびに緊張した。玄関の外まで走り、部屋にいる耕一郎さんの目に触れさせないようにして報道陣に対応した。

「八重子は連れ去られた被害者なのに、どうして積極的に協力した加害者みたいな扱いなんだ」。こう訴えたかったが、ずっと口をつぐんで耐え続けた。

2002年9月の日朝首脳会談以降、世論は一変。八重子さんの実家のある川口市の「上青木2丁目町会」の有志も同年暮れから救出への署名運動を始めた。

町会長の増田勝美さんは語る。「町内には『事件とかかわらないように、ずっと飯塚家を遠巻きにしてしまった』と悔いる人も少なくない。今度こそ、八重子さんが帰ってくるまで、地元として温かい気持ちで見守ってあげたい」。

## 4　金賢姫へ手紙

飯塚繁雄さんは、大韓航空機爆破事件の実行犯、金賢姫元工作員の手記『忘れられない女』（97年、文藝春秋刊）が、心の救いとなった。

手記によると、北朝鮮で暮らす八重子さんはわが子の年齢を指折り数えていた。さらに「遊んでいた3～4歳ぐらいの女の子を長い間じっと眺めた」「ひざまで届く大人のランニングシャツを着た子どもの姿がとてもかわいいと言うのだった」――。

繁雄さんは初めて読んだとき、失踪直後にベビーホテルに長女と長男の耕一郎さんが残されていた光景がよみがえった。

「かつて『夜の仕事をしていた女だから、子どもを見捨てたんだ』という中傷もあった。だが、八重子は異国で子を思い泣いていた。悔しく、悲しい話ばかりですが、わずかに喜びと希望を持てた」

耕一郎さんも最近、勧められて読んだ。印象に残ったのは、八重子さんが貴重な品々やお金を周囲に分けたり、貸してあげていたという内容だ。

「あれほどきつい状況下で、母は人に対して温かい気持ちを持ち続けていた。うれしかった」

その後、耕一郎さんは、ソウルで暮らす金元工作員あてに思いをつづった。「自分の中で、今も母の像がはっきり描けないでいる。お会いして母の記憶の一つでも二つでも聞きたい」。2月に手紙を外務省に託した。返事はまだない。


2002年9月17日の日朝首脳会談。八重子さんは北朝鮮発表で「死亡」とされた。繁雄さんは「正直、20年以上何もなかったから、いい結果は出ないかもしれないと半分は覚悟していた」と回想する。

北朝鮮側の死亡情報によると、「死亡日」は大韓航空機爆破事件の前年'86年7月。'84年に20歳近く年上の拉致被害者原敕晃《ただあき》さん('80年失踪当時43歳)と結婚、その2年後に交通事故死。墓もダム決壊で流れたという。

政府調査団には「李恩恵なる日本人女性はいない」と説明。大韓航空機爆破事件ですら「でっち上げだ」との立場を崩していない。

こうした死亡情報のたびに繁雄さんは「今も生きている」との確信を深めた。不自然な点が多い上に、骨もなく、死亡した物証は何一つ残っていないからだ。

'04年3月初旬、東京・築地の料理店。公の場で訴えていく覚悟を決めた耕一郎さんは、家族会のメンバーと顔合わせをした。

現在、情報技術（ＩＴ）関連会社の技術者として多忙な毎日の耕一郎さん。会食の際、横田めぐみさんの母・早紀江さんにかけてもらった言葉が心に残る。

「一緒に行動してくださるのは心強い。ただ、若い方がすべてを（救出活動に）費やしたら、これからの仕事や生活にまで影響が出るかもしれない。（参加は）できる範囲で、いいのですよ」

言葉の端々に、いたわりが感じられた。耕一郎さんは「高齢の身であれだけの苦労を重ねながら、まだ周囲に優しさを分けている。すごいな」と驚嘆した。

繁雄さんからも「おれが死んだら後は頼むぞ。いや待てよ。その前に解決しなくては」と冗談ともつかない激励を受けた。この日は、耕一郎さんにとって心温まる宴《うたげ》となった。

今後も突然、どこかから何か新しい話が入ってくると耕一郎さんは信じている。自分に何かできるかはわからない。だが、小さな一歩を重ねようと思っている。

## 〈有本・石岡・松本事件〉1　平壌からの手紙

２００２年10月15日、東京・羽田空港。北朝鮮による拉致被害者5人がタラップを降りてくる姿を、１９８３年に欧州から拉致された有本恵子さん（当時23歳）の母・嘉代子さん（78歳＝２００４年5月当時＝以下同）は複雑な思いで見つめた。「祝福したい」。そう思っているはずなのに、恵子さんの姿がどこにも見えない寂しさだけは、どうにもならなかった。

そのとき、横田めぐみさんの母・早紀江さんが嘉代子さんの肩に手をかけ、指先に力を込めて何度かさすってくれた。言葉は交わさなかったが、すべてがわかった。「ああ、同じ気持ちなのだな」と。わずかに救われる思いがした。

'02年3月に、'70年のよど号ハイジャック犯グループの元妻が、恵子さんを北朝鮮に連れ出したと東京地裁で証言。北朝鮮側にすれば、北工作員が直接手を下していないという言い訳ができるため、帰国させやすい。9月の日朝首脳会談直前まで、恵子さんの生存情報が飛び交っていた。

嘉代子さんも「うちの子だけが帰ってきて済む問題ではない」とまで語り、帰国を信じきっていた。だが、北朝鮮からもたらされた結果は「死亡」だった――。

「一枚岩」の被害者家族会だが、生きて帰国した被害者家族と、「死亡」とされた安否不明者家族とで、明暗が分かれた日でもあった。

恵子さんは、約20年前の'83年８月に１年余りの英国留学を終えて帰国するはずだった。ところが帰国直前、よど号グループの妻たちによる留学生への拉致工作で「市場調査の仕事」名目で勧誘され、デンマークのコペンハーゲンから北朝鮮へ連れ去られてしまった。

父・明弘さん（75歳）は苦渋の表情で語る。「恵子が戻ってきたら、感激で何も言葉は出んかもしれん。だが１回は『だまされおって、おまえにも責任がある』とどつかないとな」。

当時一家は手を尽くして捜し回ったが、消息はつかめない。嘉代子さんは「何かの事故で死んでしまったと思い込もうとしたこともあった。でも、やはり無理でした」と振り返る。次第に、恵子さんの話題はタブーとなっていった。

５年後の'88年９月、見ず知らずの女性からの電話で事態は動く。「有本さんのお宅ですか」。スペイン留学中に、よど号グループの妻にだまされ拉致された石岡亨さん（'80年失踪当時22歳）の札幌市の母親からだった。１通の手紙の中身を説明してくれた。

「私（亨さん）と松木薫さん（熊本出身、同26歳）は元気です。途中で合流した有本恵子君ともども３人で助け合って平壌《ピョンヤン》で暮らしております」「衣服面と教育、教養面での本が極端に少なく、３人とも困っています」

消印はポーランド。ノートの切れ端のような手紙は小さく折りたたんだ目があった。情報統制が徹底している北朝鮮から、石岡さんが必死の思いで、訪れていた外国人に頼んで投函してもらったものらしい。

この手紙が、赤の他人だった札幌、神戸、熊本の3家族を結びつけることになった。松木家にも'90年暮れにようやく連絡がつき、翌年1月に3家族は初めて神戸市で一堂に会した。世論にアピールするための会見を設定していたが、北朝鮮にパイプを持つとされる人物の不確かな情報に惑わされ、会見は事実上、中止に追い込まれた。

2004年3月5日。欧州ルートの拉致被害者、有本、石岡、松木の3家族が久々に神戸市に集まり、結束を誓い合った。恵子さんの父・明弘さんは今、救出への決意を語る。「わしらの場合は、家族を取り返す闘いだけでは足らん。死んだ人間を、生き返らせる闘いをせなあかんのや」。

## 2 在日への思い複雑

「今は正直、会いたくないんや」。神戸市長田区の有本恵子さんの実家を訪ねた男性は、父・明弘さんの言葉がショックだった。2002年9月17日の日朝首脳会談から間もない21日夜のことだ。

男性は、北朝鮮の金総書記と同姓同名の在日一世、金正日《キム・ジョンイル》さん。言葉の裏には「朝鮮民族や在日に会いたくない」という気持ちがあるように感じ、いたたまれなかった。

靴製造業の金さんは、鉄工所を営む明弘さんとは震災をともに乗り越えた近所同士。この日は恵子さんの「お悔やみ」を伝えるつもりだった。

「まあ、あんただけは別や。上がって」と明弘さんは複雑な表情で応接間に通してくれた上、断言した。「恵子はな、生きとるんや」。数日前明らかになった被害者の死亡年月日リストから「恵子さんの死亡日は'88年11月」とわかったからだ。以降も恵子さんの生存情報があったため「信じられない」というのだ。

帰途、金さんは「有本さんの力になろう」と誓うと同時に「許せないのは北の現（金正日）体制で、一般の民衆や在日まで嫌わないでほしい」と願った。

金さんは'60年代、帰還事業で多くの親族を新潟港から見送った。祖国への思いを募らせつつも神戸で働いてお金をため、朝鮮総連の地方幹部になった。'70年代末に、仲間から聞いた「拉致」の噂《うわさ》も「でっち上げ」と信じていたが、'80年代に訪朝して価値観はすべてひっくり返った。

現実を見た。１００人近い親族は身内同士で品物を奪い合っていた。誇り高かったおじまでが「連れ帰ってくれ」と懇願した。「だまされた」。ただ、親族に危害が及ぶのを恐れ、金さんは沈黙を守ってきた。

'90年代半ば、数百万人が餓死したとされる一方、個人崇拝だけがエスカレートする状況に我慢できず、北朝鮮批判の声を上げた。

そのころ有本さんも拉致被害者家族会に入り、救出運動を始めたと聞いた。北朝鮮や拉致に関心がさほど高くなかった時代。仕事がストップするほど嫌がらせのファクスや無言電話が続いたこともあったが、2人は、同じ中小企業の「おやじ」として励まし合った。

日朝首脳会談後、在日社会も変わった。総連に所属する知人からも「拉致をどう受け止めたらいいか」、「謝りたい」と相談されるようになった。

'03年2月15日、大阪市の在日コリアン集会。明弘さんと恵子さんの母・嘉代子さんは訴えた。「帰還事業で北朝鮮へ戻り、音信が途絶えた家族を持つ在日の方々の思いは、私たち拉致被害者家族と同じです」


日朝首脳会談直後、熊本市出身の松木薫さん（'80年失踪当時26歳）の弟・信宏さん（31歳＝2004年5月当時＝以下同）の思いも複雑だった。都内の職場同僚に在日朝鮮人の女性がいた。拉致とは無関係だが、拉致に協力した在日が国内にいたという内容の本を読んだこともあって「八つ当たりしそうな自分が怖かった」。

女性の実家は、キムチが自慢の居酒屋。以前は常連だったが、自然と足が遠のいた。その後、朝鮮半島問題を学ぶうちに「あの国の指導者層が悪いのであって、一般の民衆や在日はむしろ犠牲者」と考えられるようになった。救出活動の支援者には在日の人もいる。

'03年秋、信宏さんは約1年ぶりにのれんをくぐった。「何事もなかったように明るく迎えてくれた。うれしかった。偏見を持たないで地道に主張を訴えていく努力を続けたい。自戒を込めて」。自分の中のわだかまりが解けていく気がした。

## 3　生存のあかし

2002年10月、政府調査団が松木薫さんの北朝鮮で撮影した写真と、'96年に交通事故死したとされる「薫さんの遺骨」を持ち帰ってきた。

長姉の斉藤文代さんは、写真を見たとき「何か助けを求めているような顔をしている」と感じた。

写真が提出された経緯を聞くと希望を持てた。政府調査団によれば、「遺骨」以外の証拠を強く求めたら、30分ほどですぐに渡してきたという。「ああ、生きているから簡単に用意できるんだ」と思えた。

とはいえ「遺骨」がある。これがもし本物だったら――。不安は残った。不自然にも、遺骨は2回も火葬されたという。DNA鑑定は難しい。だが、日本には骨の形から鑑定する方法があった。

1ヵ月後の判定結果は「60歳くらいの女性のもの」。弟の信宏さんは振り返る。「やはり別人だった。もともと北の話はうそだらけと思っていたが、これで確信できた。生きていると」。

文代さんは毎日、熊本市の病院へ通う。3年前から入院中の母・スナヨさん（83歳）の世話をするためだ。痴呆が進んでいるスナヨさんだが、時々「薫はどこにいるんだい」と尋ねるという。

文代さんは訴える。「友好も対話も重要でしょう。だけど母はいつ亡くなるか分からない。経済制裁を含めた強い態度で交渉に臨んでほしい」。


'02年9月17日午前10時すぎ。'80年にスペインで拉致され、北朝鮮で有本恵子さんと結婚したとされる石岡亨さん（当時22歳）の兄・章さん（49歳）は、あるマスコミ関係者に耳打ちされた。「生きているそうです」。

その時点では「特ダネ」だったのだろう。測量士の章さんは出張で北海道小樽市の現場にいたが、急遽休みをもらい、自宅へと車を走らせた。

優しい弟だった。かつて石岡家は函館市に住んでいたが、章さんは札幌市内の大学へ進学。「線が細い」と自認する章さんがホームシックになったころ、見計らったかのように手紙が届いた。「元気にやってる?」。小さいころはけんかばかりだったが「兄弟はいいな」と感激した記憶がよみがえった。

「亨が戻ってくる」。うれしくて、事故になりそうなほどふわふわした感触でハンドルを握っていた。だが夕方、暗転した。北朝鮮発表は「死亡」。ほどなく「申し訳ありませんでした」と耳打ちした人から謝罪の電話がかかってきたが、何も頭に入ってこなかった。夜、兄は独り泣いた。

章さんら石岡家は「騒ぐと身に危険が及ぶのでは」との考えから、日朝首脳会談までマスコミには匿名で対応してきた。現在、氏名は公表するようになったが、被害者家族会には所属していない。章さんは独自に書き込んだファクスを国に送り続けている。１年半で１２０通以上になった。

北朝鮮側は「石岡さんは有本さんと結婚して1児をもうけたが、３人はガス中毒で死亡」としたが、物証は何もなく、章さんは信じていない。

「もっと真剣に安否不明者の情報を集めてほしい」との思いは強く、今の国の姿勢に不満がないといえばうそになるが、章さんはあえて激励調の文面にすることが多い。

「批判ばかりでは一線職員の士気があがらないのでは。『死亡』とされた亨たちの消息を、もう一度調べ直す時間を北朝鮮に与えるなど柔軟な選択肢があってもいいと思う。私にも何がベストかはわかりません」

亨さんが戻ったら「兄弟でチーズの専門店を開きたい」と夢見ている。

札幌、神戸、熊本と離れている3家族だが願いは一つ。一日でも早い帰国を、今も待っている。

## 〈市川・増元事件〉1　安氏の目撃情報

鹿児島県薩摩半島の吹上浜――。1978年8月12日、市川修一さん（当時23歳）と増元るみ子さん（同24歳）は「夕日を見に行く」と家族に言い残して姿を消した。

家族たちは、海や砂浜を棒で突き、松林を懐中電灯で照らしながら何日も捜索した。「いたら返事してやー」。北朝鮮に拉致された2人に返事ができるはずもなかった。

「あの海は二度と見たくない」。捜し回った日々を胸にしまい込んでいた修一さんの兄・健一さん（59歳＝2004年5月当時＝以下同）は2003年8月、事件後初めて吹上浜を訪れた。事件から四半世紀、「自分なりに節目を冷静に見つめてみよう」と思ったからだ。

風景は一変していた。昼でも薄暗いほど生い茂っていた松林は、虫被害でまばらになり、「拉致現場」を示す立て看板だけが目立っていた。周辺一帯をくまなく歩いたが、当時の記憶とはまったく重ならなかった。

「やはりこの浜には、くるべきではなかった。時間の経過だけが重く感じられた。私にとって修ちゃんは、恋人と寄り添う青年のままなのに……」

失踪直前の7月下旬、健一さんや父・平さん（89歳）、母・トミさん（88歳）が営む「スーパー市川」がオープンした。３日間の開店セールには電電公社（現ＮＴＴ）勤務の修一さんも駆けつけ、レジを手伝った。

台風にもかかわらず、店は大忙し。セール最終日の31日夜、鹿児島市に戻る修一さんに「ありがとう。気をつけて帰って」と声をかけたのが最後となった。

弟とは10歳近い年齢差があり、けんかをした記憶もない。ただ年を重ねて、やっと大人同士の会話ができるようになったころだ。「お盆に家族で酒を酌み交わそうと、楽しみにしていたんです」。

だが失踪——。以来、毎年のお盆はつらいだけの行事となった。家族全員が「修ちゃん」と言い出しそうになるが、その瞬間に泣いてしまいそうで、口に出せなかった。

健一さんは述懐する。「小さな町だからお客も顔見知りが多い。だから、たまに『生きていますかねえ』と話をふってくるんですね。あれがきつかった。普段は悲しい気持ちを隠して明るく対応していた母が、突然、泣き崩れることもあった」。

希望を持てるようになったのは'95年。テレビ局の記者がもたらした元北朝鮮工作員、安明進《アン・ミョンジン》氏の情報だ。安氏は'90～'91年ごろ、金正日政治軍事大学で見た日本人教官が「修一さんだ」と証言。同教官にたばこを１本もらったとき「あなたたちみたいな人（工作員）に連れられてきた」と語ったという。健一さんは思った。「生きていてくれたのか」。

さらに「赤いネクタイをしていた」と聞いたとき、「これで間違いない」と兄は意を強くした。

弟は赤いネクタイを好んで着けていた。「それから家族の間で、修一の話がタブーでなくなった。それが何よりもうれしかった」。

2002年9月17日。言い渡された結果は「死亡」だった。「頭が真っ白になって。何も考えられなくなった」（健一さん）。

だがしばらくすると、「最後に見たのは'91年8月」という安氏の証言を思い出した。「いったい、いつ亡くなったのか。それ（'91年8月）以降だったら殺されたのかもしれないが……。まだ絶望ではない」。不安とかすかな期待が交錯する中、外務省からの連絡を待った。

19日。外出していた健一さんの携帯電話が鳴った。スーパーの留守を預かる帰省中の健一さんの長男からだった。「'79年9月だったよ」。

「しめたぁー。思わずそう叫んでいました。これで確信できました。北朝鮮の発表はうそ、修ちゃんは絶対に生きていると」。目撃情報の12年も前の「死亡年月日」情報に喜びの涙が止まらなかった。

## 2　父の遺言

増元るみ子さんの父・正一さんが肺癌《はいがん》で鹿児島市内の病院に入院したのは小泉純一郎首相の訪

朝が発表される直前の２００２年8月28日。日朝首脳会談の9月17日は、ベッド上で「るみ子さん死亡」を伝えるテレビを見つめていた。

若いときから弱音を吐いたことがない正一さんだったが、病室では「痛かが」と漏らすほど衰弱していた。だがこのとき、横で泣き始めた妻・信子さんに鬼の形相で叫んだ。「るみ子は死んじょらん。北（朝鮮）の言うことはうそばっかりじゃ」。

信子さんは「どこにそんな力が残っていたのか。それほどの大声でした」と述懐する。

翌18日、東京・飯倉公館で「死亡宣告」を聞いた弟の照明さん（48歳）が報告のため鹿児島に戻った。父の姿に愕然とした。鼻にチューブまで差し込まれていて、日々衰えていくのがわかった。

「何とか父を奮い立たせたい」。照明さんはビデオカメラを父に向けた。10月10日、すでに酸素マスク姿になっていた。「父ちゃん、こんな姿になっていて迎えに行けんから、帰ってきてくれ」。父の悲痛な叫びだった。

死期を悟ったのか「わしは、るみ子と市川（修一）君の結婚を許す」とも語った。娘が帰国しやすいように夢の中でも気にしていたようだった。

その後、正一さんの容体はさらに悪化。延命措置に踏み切る直前、遺言に近い言葉を残した。「わしは日本を信じる。だからお前も信じろ」。目だけが怖いくらいに、らんらんと輝いていた。

照明さんは振り返る。「政府というよりも日本の国民。そして未来。これらを信じて頑張れと、そう受け取りました」。

東京・羽田空港に被害者5人が帰国してから2日後の'02年10月17日。正一さんが息を引き取った。79歳だった。

1ヵ月後の納骨の日、鹿児島県始良《あいら》町の実家に集まった家族は、事件以後、誰もが触らず床の間に置かれたままだった大きな包みをほどいた。

中に入っていたのは、るみ子さん愛用の琴。弦は切れ、すっかりほこりをかぶっていた。父の死を機に、あらためてるみ子さんの帰国を待つことを誓った家族の思いを託し、早速、楽器店で修理してもらった。

数日後、姉の平野フミ子さん（54歳）が、父の遺影の前で二十数年ぶりに奏でた。「本当はるみ子に弾かせてあげたかった。父ちゃん、どんなに喜んだか……。4人兄弟で、あの子が一番なついていたからね」。


被害者5人が帰国した15日。照明さんは早朝、鹿児島から東京へ。危篤の父は気がかりだったが、5人と面会し、るみ子さんについて少しでも聞き出すことに懸けた。しかし翌日、東京・赤坂のホテルで落胆した。

父の危篤を告げ、金正日総書記の批判までして言葉を引き出そうと試みた。「(るみ子さんが死亡したとされる）'81年以前の暮らしぶりだけでもいいんです」とも訴えたが、反応は鈍かった。

「もし何か知っていても言えないんだろう」。北に残る子どもらが「人質」となっている立場を思うと、それ以上問いつめることはできなかった。

夜、再び機上。父に希望を持たせるため「生きているってよ」と伝えようとも考えたが、うそはつけなかった。臨終に間に合ったことだけが救いだった。17日午前1時半すぎだった。

# 第9章　きっと会える　特定失踪者の人々

## 1　突然の情報

「佐渡で行方不明になった人がいて、（当時現場に）ハングルで書かれたマッチが落ちていたという話を聞いた。弟さんは北朝鮮に拉致されたんじゃないか」

1998年、新潟県西蒲巻町の大澤昭一さん（68歳＝2004年5月当時＝以下同）の家の電話が鳴った。同県職員だった弟の孝司さん（当時27歳）が旧新穂村で消息を絶って24年。孝司さんに関する情報が突然、横田めぐみさんの救出活動をする「新潟救う会」の小島晴則会長からもたらされた。新潟市内の主婦から話を聞いた小島会長が大澤家を探し、連絡してきたのだった。

聞き慣れない「北朝鮮」「拉致」。行方不明になって以来、自殺だと考え、思い出を胸にしまい込んでいた家族は心を揺さぶられたが、救出活動の誘いをきっぱり断った。

「証拠もないのに、そんなふうに言われても困る」

'74年2月24日午後5時すぎ、県佐渡農地事務所（現・県佐渡地域振興局農林水産振興部農地庁舎）の技師だった孝司さんは近くの焼き肉屋を1人で訪れ、同7時ごろ店を出た。寮への帰宅途中、知人宅に寄った。寮まで約200メートル。足取りはそこでプツリと消えた。

同日夜、巻町の実家では孝司さんの結婚相手を探す話が話題にのぼった。東京農大を卒業し、県職員5年目。佐渡勤務を終えた後、新居を建てるため実家近くに土地も買っていた。まさかこの夜、姿を消すとは思いもしなかった。

26日朝、実家に農地事務所から「無断欠勤」の連絡が入った。昭一さんは佐渡に駆けつけた。佐渡汽船の乗船名簿を調べたが、島から出た記録はない。寮の部屋は驚くほどきれいに整頓されていた。昭一さんは「嫁（探し）のことで悩んでいたのか」と考えた。

行方不明から約2週間、警察や消防、同僚らが大規模な捜索を行ったが、行方はわからない。家族は「自殺か」と考えたが、末っ子の孝司さんの帰省をいつも心待ちにしていた母・房《ふさ》さん＝故人＝だけは否定した。「遺書も書かないような、無責任な男じゃない」。

明治生まれの気丈な母だったが、一度だけ山で声を上げて泣いていたという。「その日は泣くつもりで行ったんじゃないか」。昭一さんは決して弱音を吐かなかった母の心を察した。

何の手がかりもないまま時間だけが過ぎていった。父・福一郎さん（94歳）は語る。「泣きたくても、涙を流す材料がなかった」。

小島会長の電話から2年たった2000年3月、今度は思いがけない展開で「拉致」の情報が駆け巡った。小島会長が横田さんらに関する捜査要請のため新潟県警を訪れ、同時に大澤さんについても申し入れた。県警は「拉致ではないか」という情報をつかみ、すでに調べを始めたと明かした。マスコミは大澤さんの失踪《しっそう》事件を一斉に報じた。

「北朝鮮なのか」。昭一さんにも「もしかしたら」という思いはあったが、このときも小島会長に断った。「証拠もないのに北朝鮮のせいにできない」。まして、冬の日本海を越えて北朝鮮に連れていけるわけがない――。家族は動かなかった。

救出活動を始めるのは'02年9月、日朝首脳会談で北朝鮮が日本人拉致を認めてからだった。

## 2 兄弟で二人三脚

2002年9月20日。佐渡で行方不明になった大澤孝司さんのいとこ浅野南さんが、新聞の号外を手に孝司さんの兄・昭一さんの会社に勇んで飛び込んできた。

「これ見てくれ。孝司の名前も出てるよ」。号外は、日朝首脳会談で北朝鮮側が明かした5人目の生存者は旧真野町の曽我ひとみさんと報じ、最後に大澤さんにも触れていた。

政府に拉致認定されていなかった曽我さんの生存、同じ佐渡からの拉致――。

自殺だと思い続けてきた昭一さんだが、直感的に「拉致」と確信。心の奥底に眠っていた弟への思いが、一気に呼び起こされた。

その日の夕食。昭一さんは救出活動に取り組みたいと家族に伝えた。

「もし孝司が生きて現れたとき、『どうしておれだけ捜してくれなかったのか』と言うかもしれない。やれるだけやろう」

だが、父・福一郎さんは反対した。

「もう、掘り返すことはしたくない」

昭一さんは父の本音に気づいていた。孝司さんの失踪の真相を知りたい思いはあっても、親としては何より昭一さんへの負担を心配していたのだ。

長男の固い決意に、ついに父は折れた。「やってくれるか」。横浜市に住む二男・茂樹さん（63歳）も電話で「わかった」と承諾。弟の救出に向けて、兄弟の二人三脚が始まった。

昭一さんは「新潟救う会」の小島晴則会長に電話をかけた。「やっぱり拉致じゃないかと思います」。

24日、小島会長と県警に再調査を要請し、新潟県庁で会見。大勢の記者に囲まれた。「一度入った渦。もまれるしかない」。昭一さんは腹をくくった。

'03年9月、昭一さんと茂樹さんは旧新穂村の孝司さん失踪現場を再び訪れた。

「飲んだし食ったし、帰って寝るか」

孝司さんが失踪直前に食事をした焼き肉屋の主人・荒井とめさんは、孝司さんが帰り際に残した言葉を証言する。聞き慣れた口癖に、2人の脳裏には弟の姿が浮かび上がった。

「自殺する前に言う（人間の）言葉じゃない」。拉致への迷いは確信へと変わった。

大澤さんら拉致未認定者の家族には政府の「認定」という高いハードルが立ちはだかる。帰国が実現すれば、未認定者の問題が取り残されたまま幕引きされるのではないか。未認定家族の苦悩は深い。

茂樹さんは訴える。「黙っていれば何も動かない。北朝鮮との交渉のテーブルで名前を出してもらえるよう、早く政府に認定してもらいたい」。

孝司さんは大学時代、横浜市の茂樹さん宅で暮らした。卒業後に何度か増築やリフォームを行ったが、孝司さんがいた2階の6畳和室だけは当時のまま残されている。

「今でも『やあっ』と言って出てくるんじゃないかと思って」。茂樹さんの妻チヅ子さん（63歳）は今も家の鍵をかけずに帰りを待っている。

行方不明当時27歳だった孝司さんも、今は57歳。蓮池薫さんや曽我ひとみさんより一回りも年上だ。長男として冷静に現実を見つめる昭一さんは、複雑な思いを抱えている。

「北朝鮮で生きていたら、向こうの人と結婚して子どもがいて、孫もいるだろう。蓮池さんたちのように家族で帰国とはならないかもしれない」

## 3　一家支える友

「よおっ」。中学時代の少し甲高い、懐かしい大澤孝司さんの声が聞こえた。２００２年11月2日夜、孝司さんの中学時代の同級生・石沢栄子さんは夢を見た。兄・昭一さんらが立ち上がり、弥彦神社で署名活動をスタートさせる前日のことだ。

署名の日、石沢さんは知人と山に行く予定があった。「天気が悪くて登山に行けなくなったら署名に参加するから」。石沢さんは友人にこう伝えていた。そんなとき、大澤さんが夢に現れた。にこにこした表情、変わらない髪形。石沢さんは「元気でいるのね」と思い、目が覚めた。外は雨。弥彦神社に出かけ、友人に夢の話を伝えた。「彼は今でも元気でいる」。石沢さんはこの夢を大澤さんからのメッセージだと受け止めている。

'03年9月、特定失踪者問題調査会（荒木和博代表）が大澤さんを「拉致の可能性が濃厚な失踪者」リストに加え、10月には新潟県警が拉致濃厚との見解を示した。これを機に、同級生らが中心となって「大澤孝司さんと再会を果たす会」を設立した。

それまで別々に活動していた中学、高校の同級生、大澤さんの仕事仲間が「一つになって大澤さん家族を支えよう」と声をかけあい集まった。

そして'04年3月14日、大澤さんの地元の巻町で拉致問題の集会を開催。約1500人もの人が詰めかけ、会場は熱気に包まれた。

会の名称の中に「再会」という文字。当初は「救出」とする案もあったが、川村保副会長は「地域全体で帰りを待っているよ」との思いから「再会」にこだわった。活動する同級生らは、「よおっ」と言って孝司さんが同級会に現れる日を待っている。

大澤さんが佐渡で消息を絶って'04年で30年。家族、同級生らが立ち上がったものの、大澤さんに関する北朝鮮での目撃証言や拉致につながる手がかりはない。曽我ひとみさんが帰国して以降、同じ佐渡からいなくなったという事実だけが横たわる。

「証言も何もなく、見通しが立たない。いつまで続くのか」。会のメンバーには活動の長期化を不安視する人もいる。川村副会長は「正直、われわれは今、署名活動しかできることはない。未認定だけに歯がゆい思いもある。無力感に襲われないよう、常に動いているしかない」と語る。

だが、大澤さんを知る同級生や新潟県佐渡農地事務所（当時）の元同僚は「（孝司さんは）元気に生きている気がする」と口をそろえる。

「自分の考えを持ち、ひょうひょうと生きていた」「決してノーと言わず、我慢強く相手の話を聞いていた」という若き日の大澤さんの姿が、友人たちに「北朝鮮での生存」を信じる勇気を与えている。

孝司さんの写真が飾られた巻町の実家。30年間、孝司さんの帰りを待っている父・福一郎さん（94歳）は末っ子の身を案じながら、北朝鮮関係の記事が載った新聞や雑誌にくまなく目を通す日々を送る。

「父が元気なうちに孝司と会わせたい」。長男・昭一さん、二男・茂樹さん、同級生らの共通の思いだが、時間は無情にも刻々と過ぎていく。

「再会を果たす会」の平岡一郎会長はいう。

「何とかしてやりたいと思うだけに、もどかしい。だが、われわれは拉致問題から逃げることはできない。この巻町で再会できるよう、地道に訴えていくしかない」

## 4　かばん発見

「なぜ？　どうして新潟なの」。１９８４年6月9日夕方、柏崎市の荒浜海岸。甲府市で失踪した、山本美保さん（当時20歳）の両親は、日の傾きかけた砂浜に立ちつくした。

甲府の自宅から約３００キロ、車で6～7時間――。遠く離れたゆかりのない海岸に、５日前に消息を絶った娘のかばんが落ちていた。連絡を受けた両親と叔父は、浜辺や薄暗い松林、付近の旅館を捜し続けたが、はっきりしたことは何一つわからなかった。

「まさか、自分で海に入っちゃったの？　それとも……」。母・文子さん（64歳）があの時感じた「なぜ」の思いは、20年たった今も、消えないでいる。

「図書館に行ってくるね」。同年6月4日午前10時すぎ、美保さんは自宅の洗面所で髪をとかしながら母に告げた。「気をつけて行ってらっしゃい」と見送られ、愛用のミニバイクに乗り、笑顔を残して家を出た。一つひとつが、いつもの光景だった。

人と垣根なく接する美保さんは、小さいころから場の雰囲気を明るくする人気者。クラスの催しでも、率先して動く積極派で、双子の妹・森本美砂さんは「私はいつも、(誰かの後ろを)付いていく方。美保は友達も多くてうらやましいな、と思っていました」と振り返る。

失踪当時、美保さんは浪人生。現役で都内の名門大学に合格したが、「自宅から通える学校に」と家族に説得され、地元の看護学校に進んだ。だが、大学進学の夢は捨てきれず、2年目の秋に中退。再受験に向け、勉強に励んでいた。

「どこにいるんだろう、なぜ連絡がないのだろう」。失踪直後、家族の心を不安と疑問が覆った。「やはり、進路のことで悩みを抱え込んでいたのだろうか」。もちろん遺書はない。理由が分からないまま、月日がたち、家族は「家出した」と思うしかなかった。徐々に消えていく美保さんの話題。「口に出すと、誰かを責めてしまいそうになる」からだった。

'97年、横田めぐみさんをめぐる元北朝鮮工作員の証言などから、拉致問題がクローズアップされ始めた。家族はただ、黙ってテレビを見つめていた。

「拉致だなんて、思いたくなかった。『拉致でよかった』とは考えられないですから」と美砂さん。その一方、こんなにも長い間手がかりがないのはおかしい。ずっと閉じ込めながらも、少しずつ膨らんでいた疑念。2000年ごろ、親友に漏らしている。「もしかしたら、北朝鮮にいるのかもしれない」。

'02年3月、よど号ハイジャック犯グループの元妻が、有本恵子さん（'83年失踪当時23歳）を欧州から北朝鮮に連れ出したと証言。この話に美砂さんの胸が騒いだ。「美保のことと、関係あるんじゃないか。ここで何もしなかったら、一生会えなくなる。はっきりさせなきゃ」。

7月、美砂さんは姉の手がかりを求め、17年ぶりに荒浜海岸に立った。失踪した翌年の85年春、母とともに訪れて以来のことだ。「ブラックホールみたいなところに吸い込まれて、出てこられなくなっちゃうんじゃないか」。前日まで、足が震えるほど、緊張した。

仲よしだった姉に、もう一度会いたい――。妹は、救出に向け、静かに歩き始めた。このときはまだ、父に黙ったままだった。

## 5　家族の絆

「明日、美保のことが新聞に載る」。山本美保さんの双子の妹・森本美砂さんは、2002年9

月22日夜、すでに眠りについていた父・光男さん（故人）の寝室でこう切り出した。前日、新聞社からの取材を受け、翌23日朝刊にその記事が掲載されることを説明するためだった。

4月に新聞社へ手紙を出したこと、7月には柏崎で姉の手がかりを探し回ったこと。これらを初めて父に打ち明けた。

「何をやっているんだ！」。一瞬の間を置き、声を大きくした父に、美砂さんは静かに訴えた。「このままじゃ会えないんだよ。美保のことが一生わからないまま、お父さん死んじゃうつもりなの。それでもいいの」

問いかけに、父は声を絞り出した。「ばか、おれの娘じゃないか。平気でいられるはずがないだろう」。多くは語らない父の抱え続けた苦しさが、凝縮されていた。

美砂さんはこのときまで「(世間に) 相手にされないかもしれない」と、父には内証で姉の姿を追っていた。

新潟県警には失踪直後に捜索願を出していたものの、山梨県警に提出したのは1985年4月、失踪から10ヵ月後だった。当時、光男さんは山梨県警の現職警察官。母・文子さんは、夫の心情をなぞる。「事を大きくしては帰ってきづらくなるかも、という気持ちや、ただでさえ多忙な職場に、自分の娘の話で負担をかけることに、気の引ける思いがあったのでは」。

刑事畑が長く、証拠がなければ動けないつらさを誰より知っていたのかもしれない。

だが、報道を機に、美保さん救出に向けた支援の輪が、少しずつ広がっていった。光男さんも、署名活動や集会に参加。父親としてそのたび、頭を下げた。

'03年1月末、集まった署名を政府に提出するため上京する際、強い口調で言った。「おれが行く」。その月の初めに体調を崩して入院し、退院して間もなくのことだった。まだおぼつかない足取りを時折、美砂さんに支えられながら、自ら手渡した。

約1ヵ月半後、再び入院。病床でも美保さんを案じていた。徐々に体の自由を奪われていくなか、「命だけあればいいな、母さん」とつぶやいた。しかし5月、再会の願いがかなう前に、光男さんは旅立った。68歳だった。

「おれが会えない分、後は頼んだよ」。美砂さんは、体のつらさをこぼすことなく最後まで頑張る父の姿が、そう語っているような気がした。

「お母さんには、双子のお姉さんがいるのよ」。美砂さんは4年ほど前、3人の子どもたちに「伯母」の存在を明かした。

当初、一度も会ったことのない伯母の話に、ピンとこない様子だったが、今では奔走する母たちの支えとなっている。「(この問題を)子どもたちなりに考えて強くなったと思うし、随分助けてもらっています」。

同級生らによる支援組織も立ち上がり、署名は20万人分を超えた。ホームページを開設し、ポスターも製作、商店街などにのぼりも立った。

世間の関心が高まってきた直後の'04年3月、衝撃の報道が全国を駆けめぐった。「20年前、山形県に漂着した遺体を美保さんと確認した」――。

## 6　真実を探して

「どういうことですか。（遺体が）美保だということですか」

2004年3月4日、甲府市で失踪した山本美保さんの双子の妹・森本美砂さんは、携帯電話にかかってきた山梨県警からの知らせに茫然とした。

20年前の美保さん失踪直後、山形県遊佐町の海岸に漂着した女性の遺体の骨髄と、美砂さんから採取した血液の「DNAが一致した」という。一瞬、何を言われているのか理解できなかった。思わず聞き返した美砂さんに「（美保さんの）可能性が強い」ことが告げられた。

混乱する美砂さんの脳裏に母・文子さんの姿が浮かんだ。「突然こんなことを知ったら、どんなにショックを受けるか」。警察には「確認した段階でなければ、母には言えない」ことを伝えた。

翌5日夕、美砂さんは夫・直行さんとともに、県警の説明を受けていた。担当者は鑑定書のある部分を示した。「99・999……パーセント」。一卵性双生児の可能性を表すという数字が並んでいた。

同じころ、何も知らなかった文子さんは知人から連絡を受け、テレビをつけた。「DNA一致」。美砂さんの気遣いはかなわなかった。母は衝撃のあまり、言葉を失った。

文子さんは述懐する。「頭が真っ白になって。自分のことでなく、誰か他人様《ひと》のことを聞いているみたいで……。あの子はもういないんだ、と思うと、自分も消えてしまいたい、天国のお父さん（夫・光男さん）のところに行きたい、と願いました」

夜、駆けつけてくれた親族や支援者が帰った後、母と娘は2人で泣いた。

眠れぬ夜を過ごした2人の胸に、少しずつ疑問が広がった。

なぜ、今になって。失踪後数年間、何度もかかってきた無言電話はいったい、何だったんだろう。遺体が身に着けていた下着やネックレスなどの遺留品は、まったく見覚えのないものばかり。家族の心に新たな「なぜ」が重なっていった。

世論への影響は想像以上だった。'03年12月の集会には、1000人近くが詰めかけたが、発表後の集会に参加したのは150人ほどに減っていた。

しかし、支援者は再び立ち上がった。

同級生の井上泉さんは訴える。「納得できる解決まで、私たちが家族の盾にも壁にもなる。家族も私たちも真実を知りたいだけなのです」。

「美保が帰ってきたよ」。美砂さんの後ろから、笑顔の美保さんがこちらをのぞいている――。美保さんの親友、笠井かおるさんは、そんな再会シーンを繰り返し夢に見る。「夢が、現実になるように」。そう願わずにいられない。

「遺体が20年ぶりに帰ってきたあの子なら、受け止めてちゃんと供養したい。でも、今はまだどこかで頑張っているはず、と信じています」。文子さんは、あの日送り出した娘の帰りを今も待ち続けている。

「DNA鑑定の数字だけでは、姉の姿と（遺体を）重ねることができないのです」と話す美砂さん。「何も心配しないで戻っておいで。今度は私が助ける番だよ」と伝えたい。

3月4日以降、新たな課題に向き合う家族と支援者。美保さんと再び笑い合える日を信じて、一つひとつ「なぜ」の答えを探していく。

## 7　謎の韓国行き

2004年5月7日、新潟市の新潟西港。北朝鮮の貨客船「万景峰号《マンギョンボン》」入港の抗議運動を行う市民団体の中に、6年前、突然姿を消した長岡市の中村三奈子さん（当時18歳）の母・クニさん

（61歳）の姿があった。

「拉致被害者を返せ」。繰り返される声を聞きながら、クニさんの胸のうちは複雑だった。三奈子さんの失踪が北朝鮮による拉致かどうか、直接的に結びつく手がかりがないからだ。「拉致ではないかもしれない」という思いは常にある。

だが、この日初めて港を訪れた。「あの子がいないのは事実。一歩でも二歩でも行動することで何か新しい情報を得られるかもしれないから」。

三奈子さんが姿を消したのは、長岡高校卒業後の1998年4月6日。この日、彼女は同市の大学受験予備校に入学金を納めにいくはずだった。

当時、小学校教員だったクニさんは朝、出がけに、布団に入ったままの娘に声をかけた。「今日はお金を納めにいく日だよ」。「うん」。これが最後の会話となった。三奈子さんは入学金の50万円から3万円だけを持って姿を消した。

後に判明した足取りで、謎はさらに深まった。三奈子さんは3月25日、家族に内証でパスポートを申請。そしていなくなった翌日の4月7日、新潟空港から韓国に出国していた。「決して活発ではないあの子が一人で、しかも外国へ行くだろうか」。

疑問は尽きない。航空券を取り扱った旅行代理店の担当者に会うと、「電話で往復航空券を頼んできたのはハスキーな声の女性。ホテルの手配を断るなど、旅慣れた感じだった」と証言した。

「あの子は一度も海外旅行の経験がない。だいたい往復航空券代4万8000円を払えないはず。手引きをした第三者がいたとしか思えないんです」

一人で悩みを抱えていたのだろうか。在学中「学校に行きたくない」と言い出したことがある。後悔の念とともにそのときのことを思い出す。

「せっかく3年生になったのだから、もう少し頑張ってみたらと励ました。高校を卒業してほしかったから、つい理由を聞いてあげなかった。何に悩んでいたのかわかったかもしれないのに」

自分を責める毎日の中、少しでも手がかりを得ようと、飛行機の搭乗者名簿を手に入れ、近くに座っていた人を訪ねるなど、クニさんは一人で娘の足取りを追った。だが、何もわからないいま時が流れ、三奈子さんのパスポートの有効期限も切れた。

クニさんは決断した。'03年4月、「特定失踪者問題調査会」に相談、7月には公表に踏み切った。

ただ、迷いはあった。「公表したら帰ってきたときに注目されて戸惑ってしまうのではないか。女の子だし、就職や結婚を考えると……。それに家出かもしれない」。

しかし、同じような悩みを持つほかの家族の頑張りを知るにつれ、クニさんは声を上げ続けていくことが大切だと思えるようになった。

三奈子さんの捜索を支援する輪も広がりつつある。「中村三奈子さんをさがす会」代表の金井英雄さんは「私にも同じ年の娘がいて、ほうっておけなかった。三奈子さんに家出をする理由はなく、事件に巻き込まれたとしか考えられない。親子が再会できるまで支援し続けたい」と話す。

クニさんは力を込める。「今、声を出さなければいつ出すんだということに気づかされました。どこで、どんなに苦しい状況であっても三奈子は必ず生きている。そう信じています」。

## 8　「その時」信じ

新潟県小千谷市出身の星野正弘さん（失踪当時23歳）、上越市の後藤久二さん（同63歳）、西頸城郡青海町の藤田進さん（同17歳）の家族も拉致の可能性を疑い、特定失踪者問題調査会に届け出た。失踪の時期や年齢は違うが「真相を知りたい」という家族の思いは同じだ。

星野さんは１９７９年、一人暮らしをしていた東京のアパートから姿を消した。４月に家主から連絡を受けた両親が部屋を訪ねると、メガネや免許証、通帳などが残ったままだった。

姉の久美子さん（50歳）は「勉強のできる子だった。志望校に入れなかったのが心に引っかかっていたのでは」と思いやる。星野さんは、'74年に東京の大学に進んだが、２年で中退していた。

'78年12月に東京の運送会社を辞め、'79年1月に小千谷市の実家に帰省した。「仕事を探す」と2月に再び東京に出ていったのが、家族が知る最後の姿になった。

姉は「蓮池薫さんたちの拉致と時期が近く、年齢も似ている。一人暮らしをしていて無職だった。そういう心の隙《すき》を狙われたのかもしれない」と推測する。

母・ナツさん（82歳）は今も息子の帰りを待つ。姉は「元気なうちに会わせてあげたい」と母を気遣う一方で、「どこかで生きていてくれれば、それでいい」と弟を思いやる。

'77年10月30日夕方、後藤さんは自宅から醤油を買いに行ったまま行方不明となった。長女・根岸慶子さん（55歳）は母・トシさん（故人）から電話を受け、すぐ「おかしいな」と思ったという。勤務先に毎日同じ道を通い、寄り道もしない、きまじめな父の姿をよく覚えていたからだ。警察から家出の可能性を指摘されたが、娘は「父は高田から一歩出たら死んでしまうような人。どこかに行くはずがない」と訴える。周囲からは「蒸発だ」と言われ、白い目で見られることもあった。そんな父の名誉を回復したい思いで調査会に名乗り出た。

後藤さんは'04年、89歳になる。娘は「もう生きている父には会えないかもしれない。でも、父に何があったのか知りたい。いつまでも中途半端なままだから」と力を込めた。

当時高校生だった藤田さんは'65年3月26日、雪の中を近くの映画館へ出かけたきり、帰ってこなかった。数日後、近くの海岸で長靴がそろえてあるのが見つかり、自殺ともみられた。藤田さんが自ら命を絶ったとは信じられずにいた家族は、周囲から拉致の可能性を指摘され、調査会に名乗り出ることを決めた。

父・松一さんは息子のことをほとんど口に出さないまま、'92年に他界した。しかし、失踪直後、知り合いのつてを頼って全国各地を捜して歩いたのも父だった。7年間の行脚も手がかりはなく、失踪宣告をした。「それからはあきらめよう、あきらめようと暮らしてきた」と妹・榊原冷子さん（53歳）は振り返る。

39年が過ぎた今、自宅には藤田さんが描いた絵が飾ってあるが、写真はしまわれたままだ。母・フミさん（83歳）は「まだつらくて写真を見られない」とつぶやいた。

母は蓮池さんらが帰国したときの羽田空港での家族との劇的な再会シーンをテレビで見るたびに思う。「おらならどうするだろう。何て声をかけてやるだろうか」。その瞬間を心に描き、じっと見守っている。

# 第10章　「拉致」解決への道

２００４年5月23日、新潟市の市民芸術文化会館で「拉致・北朝鮮を考える県民シンポジウム」（新潟日報社主催）が開かれた。前日の小泉首相再訪朝を受け、横田めぐみさんの母・早紀江さんと父・滋さんが講演した。早紀江さんは首相訪朝を「積み木がガラガラと崩れた」と批判し、「あきらめません。私たちの力になってくれるようお願いします」と訴えた。続くパネル討論では、伊豆見元・新潟日報社特別編集委員（静岡県立大学教授）、重村智計・早稲田大学教授、李英和・関西大学助教授、広瀬貞三・新潟国際情報大学教授（コーディネーター）が首相訪朝の成果など、北朝鮮問題について激論を交わした。

## 命がけで救出を

横田早紀江さん　22日、小泉首相の再訪朝の結果をみて、悲しくて力が抜けました。交渉はあっという間に終わりました。（訪朝の結果で）高く積み上げてきた積み木は、ガラガラと崩れましたが、一番下の積み木はしっかりと残っています。これを踏み台にして、またあきらめずに積み上げなければなりません。

訪朝前、首相には会えませんでした。しかし、北朝鮮では助けを求めている者がいる。一国の首相として命がけで拉致被害者全員を取り返してほしい。

（首相自身が）一人の父親、人間として家族の声を伝えてほしい、と政府関係者にいいました。年金問題など、政治の中で何かが動いていたのでしょうか。被害者家族の中には「いい加減な総理は辞めて」という人もいます。いったい、日本はどうなっているのでしょうか。

家族や支援者は年をとります。被害者の帰国は一日でも遅らすわけにはいきません。命がけで国が動かないと、被害者全員を取り返すことはできません。拉致問題の解決なしに、日本は日本という国として世界の中で立っていくこともできません。

１９７７年11月、めぐみが家の近くから突然消え、新潟の皆さんには救出活動をしていただいた。新潟は忘れることができない懐かしさと悲しさと、複雑な思い出が残る土地です。地元の方々によって「救う会」が立ち上がり、闘ってくれたことに感謝しています。

今や北朝鮮による拉致事件は国際的にも証明されました。しかし、めぐみが行方不明になった当時、たびたび警察に走り込みました。漁船の網にかかった頭蓋骨や腐乱死体が見つかると、体中の震えを感じながら、「どうかめぐみのものでないように」と……。新潟の空気を吸うと、あの恐怖がまだ解決されておらず、生殺しのまま続いています。なんと長い年月かと思います。

蓮池薫さんや元北朝鮮工作員の話では、拉致されたときには袋をかぶせられ、船底に乗せられたという現実を聞き、何とも言えない恐怖でいっぱいでした。

めぐみは船底に泣き叫んで閉じこめられ、「お父さん、お母さん助けて」と船の壁や扉をかきむしって、血だらけでつめがはがれそうだったとも聞きました。

自分のおなかに宿して一生懸命育てた子どもが、平和な街角から、何も悪いことをしていないのに、大根を引っこ抜くように袋に入れられ、連れ去られました。

日本のために、日本に役立つようにと育てた子どもなのに、めぐみが暗い北朝鮮を歩いているのかと考えると、眠れなくなります。被害者は北朝鮮でいつまで泣き続けなければならないのでしょうか。皆さんも全員が日本に帰れるよう、力になってください。

## 小泉訪朝には納得できない

横田滋さん　２００4年5月22日の小泉首相の再訪朝について、家族会は「訪朝は慎重に」と言ってきましたが、決まった以上は反対しても仕方ないので、全体解決のめどをつけてほしいと要望しました。

訪朝当日、羽田空港で首相はブルーリボンのバッジを着け、真剣な表情なので「何かやってくれる」と期待していました。

しかし、蓮池さんと地村さんのお子さん5人の帰国で終わりました。食糧支援と子どもを引き換えにした印象はぬぐえません。死亡とされた人については「白紙に戻して調査する」と約束しただけで個別の話はしていません。５人が帰国したことへの評価もありますが、われわれからすると不満で、納得できるものではありません。

拉致問題の解決よりも人道支援が先で、解決は国交正常化後になるかもしれないという人もいますが、私たちはこの問題に関心を持ち続けることが解決の近道と考えています。

拉致は人権問題です。しかし人権団体はあまり取り上げてくれません。また、戦争中に日本が強制連行したから拉致があるとの指摘もあります。でも拉致問題と強制連行は相殺すべきものではありません。引き続き支援をお願いします。

## 拉致・核問題を解決せよ！

〈再訪朝の評価〉

広瀬　22日の首相再訪朝を受け、一番新しい北朝鮮理解を深めたい。まず首相訪朝をどう評価するか。

伊豆見　拉致問題は一定の成果があったと考える。５人が戻り、曽我さんの家族についても帰国の道筋がついたのが一つの成果。もう一つは、あと10人の拉致被害者について、金総書記が安否・消息確認の再調査をするとしたこと。拉致問題が解決していないことを明確に認めたことになる。今後は、未解決を前提として要求できるようになったことに意味がある。拉致問題が今後、正常化交渉の枠内でどれだけできるか注目したい。解決への時間短縮という意味で有効と思う。核とミサイル問題については北朝鮮の譲歩がなく、成果はなかった。ただしこの問題は、今回の訪朝だけで評価するのは難しい。6ヵ国協議など今後の協議に注目し、期待したい。

重村　拉致被害者家族の5人が帰ってきたのが成果であるのは間違いない。しかし全体的には大敗北の外交、おちょくられたというしかない。会談冒頭に、金総書記が笑いながら「複雑な状況の中、よくいらっしゃいました」と語った。これは参院選や年金隠しなど、首相の手の内や首脳会談までの経過を知っているということ。格が下の外務次官の出迎えなど儀礼上失礼な対応をされたうえ、いくつも支援の約束をしてきた。まれにみるひどい交渉だ。

李　評価は大甘につけても50点、完全に落第だ。そもそも包括協議のつもりがあったか、あやしい。今回のキーワードは「コメと選挙の交換」だと思う。金総書記にとっては120点で、本来取りたかったコメどころかボーナスまでもらい、メンツも回復した。首相は詰めが甘く拙速、サシで総書記にねじ込もうとして、軽くひねられた。ミサイル問題は、発射実験の凍結を約束しただけだ。数ヵ月前に射程4000キロのミサイルが新規配備され、事態が悪化していた。強く抗議するのが筋なのにしなかった。

〈「北」の現状〉

広瀬　北朝鮮は今、どこにいて、将来どこに向かおうとしているのか。

重村　金正日《キム・ジョンイル》総書記の権威は落ちている。今回の小泉首相の訪朝を受け入れるかどうか、高官の間で大激論があった。「また小泉にだまされる」と大多数は反対だったが、食糧支援のために受け入れざるを得ない状況だった。金総書記が生きている限り今の体制は続くだろうが、側近同士の権力闘争、足の引っ張り合いで人材がいなくなり、金総書記の力が弱まっている。

広瀬　核・ミサイル開発はどの程度まで進展しているか。

伊豆見　開発は進んでいる。プルトニウム生産に関しては相当な能力があり、やろうと思えばもっとできるところを自制している。ミサイルを輸出したくても買ってくれる国がなくなり、だぶついたものを国内配備に回している状況だ。

広瀬　核・ミサイル開発が進む一方で経済状態はどうなっているか。

李　心臓麻痺寸前だ。平壌では3分の2の市民に配給が止まっている。300万人が餓死したといわれる'96、'97、'98年と似た状態になっている。慌てて中国に食糧支援を頼みに行ったが、満足な返事がなく、困っていたところに小泉首相が「援助交際」を求めてきた。金総書記は「核で国民を食わせる」と発言している。核・ミサイル開発で世界から支援をもらおうとしている。

広瀬　政治権力の実態はどうなっているか。

重村　側近政治であり、近代国家の体をなしてない。側近は、いい話を持っていかないと上に行けない仕組みになっており、本当の話が金総書記に伝わらない。
広瀬　内部文書が流出したり、体制のたがが緩んでいるようだが。
李　権力闘争はあるが、それは誰が一番、金総書記に近い椅子に座るかという意味の闘争。将軍様がいなくなったら座る椅子がなくなるので、暗殺などということは起こらないと思う。

〈日本の対応〉

広瀬　北朝鮮と日本がどう付き合うか。拉致問題の解決以外にも、6ヵ国協議や先の植民地支配の問題もある。どういう形が、関係改善の筋道になるだろうか。
伊豆見　国交正常化交渉の枠内で、問題の解決を図っていくことが一番だ。交渉を通じて、成果を積み上げることで最終的にすべての課題をクリアして国交正常化に結びつく。だが拉致や核問題が解決しなければ、正常化はありえない。正常化が実現するのであれば北朝鮮は生まれ変わったものになる。しかし正常化に到達するのは難しいとも考える。
李　六者協議は今、2対4の状態。日本と米国以外、拉致問題に関心がない。一度、協議を脱退すると宣言しては？　日本は経済大国なのだから経済支援を求める北朝鮮に対し、核、ミサイル、拉致での要求を突き付け、脱退カードを切ってみたらどうか。一方、北朝鮮からの大量の魚介類輸入は、北の子どもたちに深刻なタンパク質不足を招いており、典型的な飢餓輸出。稼いだ外貨は、核やミサイルに使われる。子どもたちのためにも北朝鮮から輸出される魚介類の不買運動をしよう。一人ひとりができる経済制裁だ。

重村　日本外交の目的をはっきりさせることが大切。本来はアジアの平和と安定、民主主義を定着させることだ。北朝鮮を民主化し、北の人が幸せになるという方向に誘導する正常化でなければだめだ。そうでなければ拉致やミサイル、核、それに工作員を派遣する国とは正常化できない。

伊豆見　正常化交渉が簡単にいくとは思っていない。拉致、ミサイル、核の問題をほったらかして正常化はできない。人道援助は困っている人のところに届くことが重要。モニタリングをきっちりすることが大切で、コメ以外のトウモロコシなどがいいのでは。また小児麻痺や結核など、北朝鮮に多い病気への医療品援助を検討してもいい。

〈新潟へ提言〉

広瀬　新潟は万景峰号《マンギョンボン》の問題を抱え、帰還事業や強制連行の歴史があり、横田さん、蓮池さん、曽我さんの拉致救出運動も始まった。そういう新潟に提言を。

李　一つは新潟県民は全国に先駆け、北朝鮮の魚介類を買わない、食べない運動をしてほしい。二つ目は万景峰号は止めてもらいたい。また北朝鮮に行った日本人妻が中国にどんどん逃げているが日本の外務省は助けない。簡単に救出できる日本人妻も助けず、拉致問題を解決できるのか。県民は絶対許さないという気持ちを持ってほしい。

重村　拉致がなぜ解決しないのか。日本の政治家が愛情を持って助けてくれなかったからではないか。人間に対する愛情を忘れない県民であってほしい。拉致された最後の日本人が解放されるまで忘れないでほしい。

伊豆見　新潟は拉致問題に深くかかわっている土地柄で、今日も多くの人が参加した。拉致は国家犯罪で主権の侵害だと思うが、国家犯罪を裁く国家を超えた主権がこの世の中に存在せず、基本的に裁くことができない。戦争で北朝鮮を打ち負かして裁くことはできるが、現実的な選肢ではない。交渉を通じ、日本に協力することが北朝鮮にとって得と思わせることが重要だ。

広瀬　日本海が平和な海になったとき、このようなディスカッションがまた開かれるでしょう。ありがとうございました。

## 春の来ない冬はない

遠藤実さん（作曲家）　戦争で疎開した私の冬の泣き場所は、荒波の日本海だった。波音が泣き声を消してくれるからだ。その日本海から何人もの人が北朝鮮に拉致された。突然家族を失い、今日こそは帰ってくると一日一日指折り27年。悲しさの極限といえよう。

２００２年10月15日、被害者５人が、チャーター機から笑顔でタラップを降りて来た。心待ちの出迎えの人々と「うれしい！　おれだよ！　心配かけた！」と抱き合い、互いのほおに流した涙は光っていた。

横田めぐみさんの成長した姿はないのに、滋さんは喜びの人を写すため、シャッターを押し、飛び回っていたのが今も目に残る。

私を時に励ましてくれた日本海から拉致されたと聞き「励ましを」「慰めを」と思った。どうしたらいいのか……。そうだ、「私には音がある」。テレビの画像を心のフィルムに焼きつけ、思い浮かべ、「どんなに長い冬でも必ず春が来ますよ」と、一つのフレーズが出た。

それぞれのご両親・残されたお子さん・ご主人・お母さんに届けと、わき上がる涙で音をつないだ。

家族愛を教えてくれた皆様に感謝し、朗報の実現を祈ってやまない。

# 第11章　あきらめない　事件全体の謎

北朝鮮による拉致事件は、5月の小泉純一郎首相の再訪朝で柏崎市の蓮池薫さん、祐木子さん夫妻、福井県の地村保志さん、富貴恵さん夫妻の子ども5人の帰国が実現したが、夫の訴追問題などで佐渡市の曽我ひとみさんの家族再会はかなわず、横田めぐみさんら安否不明者や特定失踪《しっそう》者を含めた全面解決への先行きは、依然不透明なのが現状だ。

帰国した子どもたちを日本社会に順応させるため、必死に取り組んでいる蓮池さん。家族との再会を待つ曽我さん。めぐみさんの生存を信じ、待ち続ける横田さん。「世論の関心がなくなれば幕引きされてしまう」という危機感を抱きながら、それぞれの家族は「絶対あきらめない」という強い意志で暮らしている。

なぜ拉致事件が起きたのか。なぜ長年解決できないままなのか。さらに拉致問題と歩調を合わせて注目されるようになった万景峰《マンギョンボン》号や、その往来のルーツとなった帰還事業。新潟と北朝鮮をめぐる歴史をひもときながら今シリーズでは、事件全体の謎を検証する。事件を風化させないで、一刻も早く日本海を「平和の海」にするために。

## 1　国家犯罪の闇深く

北朝鮮が日本人を拉致した目的は何か。２００２年９月の日朝首脳会談で金正日《キム・ジョンイル》総書記は、拉致事件の背景として、１９７０年代から'80年代にかけて（１）被害者の身分を利用した韓国への不正入国（日本旅券の取得）（２）特殊機関での工作員への日本語指導（日本人化教育）――を挙げた。

日本人拉致事件の原点は「北朝鮮が掲げる最高目標『朝鮮半島の赤化統一』にある」と元北朝鮮工作員・安明進《アン・ミョンジン》氏は指摘する。北朝鮮は「最高目標のためには手段を選ばず実行する」（安氏）方針で、工作員を韓国に潜入させ、各界の協力者を増やしながら革命に向けた工作活動を繰り広げていた。

平壌《ピョンヤン》留学の経験がある李英和《リ・ヨンファ》・関西大助教授によると、'50～'60年代は、日本から在日韓国・朝鮮人が拉致されたケースも少なくなかった。

李助教授が留学中の'90年代に出会った元在日の男性は「中学生のとき、米国の遊園地に行こうと誘われて日本を出たが、着いたのは北朝鮮。そのまま日本発行の再入国許可証と外国人登録証を取り上げられ『代わりの人間が日本へ渡ったから、もうお前は戻れない』と宣告された」という。

李助教授は「在日が突然いなくなっても日本人ほどには騒ぎにならない。そんな計算もあったはずだ」と指摘。'70年代前半まで、拉致した在日とすり替わったり、目星をつけた在日を教育して工作員に仕立て、韓国へ送り込んでいたという。

だが'74年、在日韓国人による韓国大統領暗殺未遂事件（文世光事件）で状況は変わる。韓国当局が在日の入国に厳しい監視の目を向けるようになったためだ。以後は「すり替わるターゲットの中心を日本人にしていった」と李助教授はみる。

また北朝鮮は、偽造した日本パスポートを用意し、多くの工作員を東南アジアなどを経由して韓国に入国するよう指示していた。ところが'70年代後半に中国当局が怪しんで数人を逮捕、北朝鮮に厳重警告した。重村智計・早大教授は「偽造ではなく、本物の日本旅券を取るしかない状況に追い込まれ、日本人拉致へと進んだ」と分析する。

'02年の首脳会談で金総書記は、拉致は「部下」が勝手にしたこととして、自身の関与は否定した。だが「金総書記こそが主犯だ」と西岡力・東京基督教大教授は強調する。

西岡教授と安氏によると、'70年代中ごろに後継者として台頭してきた現在の金総書記が、対南工作機関「3号庁舎」に対し「工作員の現地人化教育の徹底」を指令。言葉だけでなく習慣も身につけさせようという趣旨だ。それから本格的に、日本や韓国、中東、欧州から多くの人々が拉致されていった。

また、特定失踪《しっそう》者問題調査会の荒木和博代表によると、失踪者の職業が、通信や医療看護の関係者、特殊技術者などに集中しているという。

安氏は「必要な人材を、よそから連れてきて利用するという発想自体、北では珍しいことではない」と証言。拉致は、特定の技術の取得など広い目的もあって「長期間行われていた」と指摘する。

「拉致はでっち上げだ」。こう主張してきた北朝鮮が、２００２年9月の日朝首脳会談では一転、拉致を認め、謝罪した。

日朝首脳会談が実現した背景について「コリア・レポート」編集長の辺真一氏は、「対北強硬派の米ブッシュ政権への危機感だった」と指摘する。

'01年9月11日の同時多発テロ以降、米国は10月にアフガニスタン空爆、翌'02年1月にはイラク、イラン、北朝鮮を「悪の枢軸」とした。「米国を恐れた北朝鮮が、国際世論の緊張緩和のため、米国と同盟関係にある日本へ接近を図った」。

さらに辺氏は、日本からの「経済支援」の期待感を強調する。

もともと北朝鮮は旧ソ連や中国からの支援を受けて工業化を進めてきたが、冷戦後は社会主義国の市場は消滅し、安価で供給されてきたエネルギーも滞るようになり、大半の工場は稼働できなくなっていた。

数百万人が餓死したともされる深刻な食糧難、経済破綻の中、体制維持を図るため巨額の「カネ」を必要としたが、中国やロシアが出す可能性はない。結局、過去の植民地支配の賠償を名目に求められるのは日本しかない。ただ、ＯＤＡ（政府開発援助）方式の経済協力をするには国交がなければならない。そのため「なりふりかまわず国交正常化を求めた」と辺氏はみる。

北朝鮮が拉致を認めた理由として、北朝鮮側の事情とともに「日本が『拉致問題の解決なくして国交正常化なし』と明確に主張したからだ」と重村智計・早大教授は強調する。

「自らが先に譲歩することで、相手にもこちらの要求を察してもらおうと期待する手法は国際政治では通用しない。今後も解決に向けた意思表示をしなければ、何も進まない」（重村氏）

ではなぜ、'02年9月に小泉純一郎首相は拉致問題の解決を掲げたのか――。

「長年、大半の政治家は『拉致は疑惑にすぎない』と冷淡だった」（被害者家族）。だが当時、よど号犯の元妻が有本恵子さんを北朝鮮に連れ出したと東京地裁で同年3月に証言していたため、拉致に対する世論の関心が高まっていた。

家族会代表の横田滋さんは語る。「世論の後押しがあって、はじめて政治は大きく動く」。

## 2 「北」の現実

北朝鮮の人口は約２２００万人。もともとは朝鮮労働党を通じて全体を支配する体制だが、金正日総書記が軍を最重視しているため、実際には国防委員会に権限が集中している。金総書記は、国防委員長として権力の頂点に君臨し、事実上の独裁国家となっている。

兵力は100万人以上とされ、その3分の2を韓国との軍事境界線から100キロ以内に配置。近代化に遅れた兵器を補完するため、大量破壊兵器の開発を進めている。

経済は危機的状況で、電力をはじめとするエネルギー不足は深刻だ。親族訪問で訪ねた在日朝鮮人の一人は「(対外向けの)ショーウインドー都市の平壌ですら夜は真っ暗。地方の惨状は目も当てられない」と語る。

食糧事情は、国連機関の統計によると、年間穀物生産量見通し416万トンに対し、必要量は510万トン。「ただでさえ少ない穀物を、軍へ集中的に回すので民衆はいつも飢えている。近年で数百万人が餓死した」と李英和・関西大助教授。

北朝鮮の主な貿易相手国は(1)中国(2002年輸出入合計約7・4億ドル)(2)韓国(同約6・4億ドル)(3)日本(同約3・7億ドル)。現在、北朝鮮は「強盛大国」の建設を掲げて経済復興を目指しているが、中国方式の「改革開放」の導入は否定している。

社会体制は、成分と呼ばれる身分制度が鍵。平壌特派員の経験があるジャーナリスト萩原遼氏は「3階層、51種類に区別される成分で、すべてがんじがらめにされる」と話す。

帰還事業で帰国し、数年前に脱北して日本に戻った女性は、「成績はよかったが、日本出身のため成分が悪く大学進学がかなわなかった」と証言する。

体制批判はタブーの中のタブーだ。「相互監視が徹底している。密告されると財産没収の上、家族連座で政治犯強制収容所へ送られる。中では重労働が科せられ、公開処刑もある。この世の地獄だ」。収容された恐怖体験がある脱北者の一人はつぶやいた。

## 3　政治家と外務省

日本と北朝鮮の国交正常化交渉は、植民地時代の清算や核問題をめぐる対立の歴史といえる。北朝鮮が最も反発する拉致問題は「障害にしたくない」（外務省首脳）として、本格的な交渉のテーブルから外され、解決は先送りされてきた。そこには利権を握ろうと外交に「介入」した政治家と、正常化を優先させたい外務省の「保身」の構図が浮かび上がった。

1991年5月、中国・北京の日本大使館。日本と北朝鮮の第3回国交正常化交渉は冒頭から、大韓航空機爆破事件の金賢姫《キム・ヒヨンヒ》・元死刑囚の日本人教育係「李恩恵《リ・ウネ》」問題をめぐり、険悪なムードが漂っていた。

田仁徹《チョン・インチョル》・北朝鮮外務次官「日本の状況をみると、バングラデシュのサイクロン（台風）のような嵐が起きているのを感じる。この嵐に巻き込まれ、岩礁に突き当たらないように祈っている」

中平立・日朝交渉担当大使「船が沈まないことが共通の利益なので一生懸命にやろう」

李恩恵の身元はこの1週間前、警察庁が埼玉県出身の女性（田口八重子さん）と発表した。日本側は交渉の中で調査を依頼したが、北朝鮮側は「日本政府が共和国（北朝鮮）を国際的に信用できない国であると宣伝するためのものだ」と激しく反発した。

日朝交渉は同年1月に始まった。韓国と旧ソ連の国交樹立により、国際社会からの孤立感を深めた北朝鮮が日本に接近。旧社会党を通じ自民党の金丸信副総裁に働きかけ、'90年9月に「金丸訪朝団」が実現、交渉開始に道筋をつけていた。

ところが、この流れで調印された自民、旧社会、朝鮮労働党の3党共同宣言で、日本政府の想定していなかった「戦後45年間の償い」が盛り込まれ、政府間交渉の障害となる。

北朝鮮では、軍と労働党が政府よりも実権を握っている。重村智計・早大教授は「北朝鮮は自国と同じように、外務省より政党の実力者と話をした方が早いと考えたのだろう。権限も資格もない政治家が勝手に約束し、外務省は交渉に枠をはめられた」と指摘する。

一方、外交に乗り出した政治家の狙いは何だったのか。重村教授は「国交正常化後、日本の業者が北朝鮮で橋やダム、道路を建設する。利権絡み、つまり業者からの政治献金を期待したのではないか」と分析した。

交渉開始後、日本交渉団の周辺には国家体制の違いに戸惑いの声が漏れていた。

「北朝鮮代表団にどこまで裁量があるのかわからない」「民主主義国家とは何か。そこから教えないといけない」

交渉は補償や核問題を中心に回数こそ重ねたが、実務者協議で日本が李恩恵問題を取り上げるたび、北朝鮮は「でっち上げ」と主張、議論は平行線をたどった。

重村教授は'92年6月、当時の北朝鮮交渉団首席代表、李三鲁《リ・サムノ》氏からこんな話を聞いた。「金正日総書記に交渉の報告に行くと、李恩恵問題が出たと言った途端に怒り出す。一度は灰皿を投げつけられた。日本が李の名前さえ出さなければ、交渉は続けられるのだが……」。

同年11月の第8回交渉は、北朝鮮側がわずか10分間で席を立ち決裂。以来7年半、交渉そのものが中断する。

その夏、金丸氏がヤミ献金事件で失脚。日朝関係を動かそうという政治家の熱気は冷めていた。

日朝交渉が中断していた'94年ごろ、拉致問題の解決を北朝鮮関係者に働きかけた外交官がいる。元駐韓日本大使館公使で韓国・成均館大教授の町田貢氏（長岡市＝旧小国町＝出身）。個人的な人脈で「被害者を大事に扱って返してほしい。早くしないと、日朝関係は吹っ飛ぶ」と訴えた。

日本海側でアベック行方不明事件が続発した'78年ごろ、外務省北東アジア課に勤務していた町田氏は、警察庁の担当者から「変な事件がある」と非公式に相談された。北朝鮮による対南（韓国）工作の一環として、日本人拉致の可能性があるという見方で一致した。

だが、外務省の動きは鈍かった。証拠がないため北朝鮮に申し入れができない。話をするにしても外交ルートがないから、第三国を通じて要請するしかなかったが、結局、要請はしなかった。まず「正常化」が外交官の仕事だった。「外務省はいい顔をしない。省と庁の格の違いなのか」。元新潟県警幹部は、警察庁関係者の嘆きを聞いた。

同省北東アジア課内では「大変だ」「困ったな」と論議した。だが、アジア大洋州局、外相には非公式の「情報」として伝えられた。町田氏は報道関係者にも話をしたが、記事にならなかった。

「事務レベルで何ができるのか。大臣はマスコミが騒がないと動かない。外務省に限らず、日本という国家組織の問題だ。あのとき、もう少し世論が高まっていれば、被害は防げたかもしれない」。町田氏は今も、無念さをにじませる。

北朝鮮は'90年代半ば、度重なる洪水で食糧難に陥った。北朝鮮側は再び自民党幹部に接近し、コメ支援を要請。'97年に横田めぐみさんの拉致が明らかになって以降も、日本は食糧を送り続けていた。

'99年12月、旧社会党の村山富市元首相を団長とする超党派の訪朝団が、国交正常化交渉の再開に合意した。しかし、2ヵ月前に日朝両国の外務省が水面下で接触、先に合意していたという。

政治家を前面に立てた外務省は、何を意図していたのか。重村教授は「内証に交渉して後で意地悪をされると出世の妨げになるからと、外務省幹部が政治家に出番をつくってやったのだろう。利権をむさぼる政治家、それを利用する外務省。日本の外交を悪くしている典型だ」と批判する。

2000年4月に再開された9回目の日朝交渉は、半年後の第11回で再び中断した。'02年9月に小泉純一郎首相が訪朝、金総書記が拉致を認めて謝罪したが、日本の世論が反発。同年10月に再開された12回目の交渉は暗礁に乗り上げた。

朝鮮半島情勢に詳しい倉田秀也・杏林大助教授は「日本の代表団は、拉致問題で北朝鮮を追いつめてしまった。実際に実行するかどうかは別として、経済協力も議題にして北朝鮮をテーブルに着かせる仕掛けが必要。核問題もあって複雑だが、それを調整できるのは政府だけだ」と強調した。

## 4　なぜ政治は解決できなかったか

1959年に始まった在日朝鮮人の帰還事業以来、新潟県は北朝鮮と交流を続けてきた。一方で拉致被害者は全国で最も多い。日朝友好運動が脈々と受け継がれてきた新潟の地で、政治家たちは北朝鮮にどうかかわったのか。なぜ政治は拉致問題を解決できなかったのか。

1988年9月。朝鮮総連と旧社会党議員、弁護士、労働組合員が新潟東署と新潟県警本部に押しかけた。「不当捜査。在日への弾圧だ」「日朝友好に横槍を入れる気か」と、激しく抗議した。

県警は早朝から、対共産圏輸出調整委員会（ココム）規制品を北朝鮮に輸出しようとした外為法違反容疑で、新潟市の朝鮮総連新潟出張所と東京・上野の朝鮮商工会館に家宅捜索に入っていた。

県警は慎重だった。当初は通常通り証拠品を差し押さえる捜索・押収令状だけを用意したが、「事件と関係のない場所に入った」という批判を避けるため、同会館の検証令状が必要と判断。東京に派遣された捜査員が深夜、車で新潟に引き返し、令状を取り直した。実際、県警には在日朝鮮人らから約1300件もの抗議が殺到した。

「政治、国際問題に発展しかねない」。県警が神経質になった背景には、'59年から行われた在日朝鮮人の帰還事業と、その後の日朝友好運動があった。

戦前から旧満州（中国東北部）などとの貿易で栄えた新潟市は、戦後も対岸のソ連（現・ロシア）や中国、北朝鮮との貿易に目を向け、帰還事業の受け入れに手を挙げ、日朝の懸け橋を目指した。

帰還事業にかかわった共産党の林弘二・元新潟県議は「新潟は対岸貿易で生きるしかなかった。北朝鮮との往来は戦後の夢。日本海側の拠点を目指していた」と語る。

「人道主義」の下、県在日朝鮮人帰国協力会の会長には故村田三郎・新潟市長が就任。各ポストに自民党、社会党の政治家らが名を連ねるなど、帰還事業は「超党派」の構図が出来上がった。

当時の関係者は「表面的には超党派だが、実務では共産党が仕切っていた」と指摘する。しかし、北朝鮮が金日成《キム・イルソン》崇拝を強めたため、'70年ごろから共産党は北朝鮮から徐々に離れ、'83年のラングーン爆弾テロ事件で関係は断絶した。代わって社会党が朝鮮労働党と関係を深め、日朝のパイプ役を担った。

一方、自民党など保守系政治家は超党派の訪朝団に加わるものの、共産圏の北朝鮮とは距離を置いた。大野久・新潟市議は「保守系の多くは無関心で、北朝鮮問題に口を挟まなかった」と振り返る。

'70年代、新潟県など日本海側で「アベック行方不明事件」が発生。'88年に国会で拉致疑惑の答弁があったが、世論の関心は低く、北朝鮮の招待で訪朝する議員団が拉致問題を取り上げることはなかった。

訪朝経験のある旧社会党の元衆院議員、関山信之氏は「みんなが政治的なテーマを背負って行ったわけではない。特別な問題意識もなく、ただ北朝鮮に行ってみたいという議員も多かった」と打ち明けた。

20年前に新潟市で行方不明になった横田めぐみさん（当時13歳）は北朝鮮に拉致された疑いがある——。'97年2月。韓国に亡命した元北朝鮮工作員の証言がきっかけで、拉致問題は一気にクローズアップされた。

しかし、政治家たちの腰は重かった。「なぜ中学生を連れ去る必要があるのか」「証拠がない」。半信半疑の議員が多かった。前出の関山氏は「情報のほとんどが韓国からのものだった。正確な事実かどうかわからなかった」と振り返る。

過熱する報道に、朝鮮総連新潟県本部は「拉致でっち上げは40年間にわたり築き上げた友情と友好親善に水を差し、県民の反共和国悪感情を増長しようとする行為」とする文章を配布。友好運動を展開してきた新潟市では、北朝鮮との関係悪化を恐れる雰囲気が生まれた。

日朝議連で友好運動に取り組んだ関口松柏・新潟市議は「朝鮮総連に拉致を聞くことは対立の火種になる」と言及を避けた。「拉致被害者はいわば人質。人道支援で北朝鮮をつなぎとめないと帰れなくなる」。議連には「国交正常化が先決」との声が多かったという。

同年8月、北朝鮮と交流を続けていた旧社会党の元国会議員、吉田正雄氏が訪朝。金正日総書記に近いとされる朝鮮労働党の金容淳《キム・ヨンスン》書記との会談で横田さんの名前を出し、拉致問題を指摘した。

金書記は顔色を変えて拉致を否定。「行方不明者」として調査すると明言したが、進展はなかった。吉田氏は「北朝鮮幹部とのパイプを使って（解決の）扉を開けたが、私ができたのはここまで。後は政府に任せるしかなかった」と唇をかむ。

２００２年9月、日朝首脳会談で金総書記が拉致を認め謝罪。旧社会党関係者に衝撃が走った。「拉致はないと信じてきた。泣きたい思いだった」。帰還事業から日朝関係を見続けてきた元新潟県評事務局長の風間作一郎氏はショックを隠せなかった。

拉致事件の余波で、30年以上続いた新潟市議会日朝議連は'03年、ひっそりと幕を下ろした。世論の反発を考えての「自然消滅」だった。

拉致問題の解決に、新潟と北朝鮮のパイプは機能しなかった。同議連の最後の会長、関口市議は「長い交流はあったが、（拉致を指摘できる）太くて深いパイプはなかった。クモの糸くらいのパイプしかつくれなかった」と肩を落とした。

新潟県の政治家はどんな役割を果たしたのか。

'97年以降、拉致被害者救出に取り組んだ県議員の会（県拉致議連）会長で自民党の高橋正県議は「旧社会党議員は友好の意味を履き違えていた。どうして北朝鮮とつながりがある新潟から声を発し、拉致問題を解決しようとしなかったのか」と指摘。救出運動について「帰還事業と同じように、超党派で取り組みたかった」と悔しさをにじませた。

関山氏は「国交正常化のため友好の架け橋を残そうと頑張ってきた」と強調しながらも、こう振り返った。「友好という言葉はあいまいだった。この言葉に振り回された面はあるかもしれない」。

## 5　なぜ海保、警察は不審船を止められなかったか

日本の領海には1960年代から、たびたび不審船が侵入していた。当初は北朝鮮による対南（韓国）工作のため、工作員が潜入・脱出する手段とみられていたが、海上保安庁も警察も見逃してきた。それが結局、'70年代半ばからの日本人拉致に結びついた。「なぜ不審船を捕まえられなかったのか」。沿岸警備を担う海上保安庁、陸上の治安を守る警察。組織間の「縄張り意識」と不審船対策の限界が浮き彫りになった。

「ババッ、バババーッ」。暗闇に威嚇射撃の銃声が響き渡る。1999年3月23日夜、石川県能登半島沖。不審船発見の一報を受け、現場に急行した海上保安庁の巡視船艇が、停船命令を無視して逃走する2隻に向けて1300発近くを撃った。同庁による威嚇射撃の実施は、じつに46年ぶりだった。

不審船はさらに速度を上げて逃走。24日未明、政府は海上自衛隊に初の海上警備行動を発動し、護衛艦が警告射撃を行ったが、2隻は追跡を振り切り、北朝鮮・清津に入港した。

現場海域を管轄する第九管区海上保安本部（新潟市）で、事件当時、警備救難部長として対応に当たった真角孝吉・九管本部長は「巡視船がスピードについていけなかった。威嚇射撃しかで

きず、停めるために船体を撃てない法制度の問題もあった」と悔しがる。

この事件を契機に、九管に高速艇2隻が配備された。2001年10月には海上保安庁法の改正によって条件付きで船体射撃が可能となり、同年12月、鹿児島県・奄美大島沖で巡視船艇が北朝鮮の工作船へ船体射撃を行った。銃撃戦の末、工作船は自沈した。

一連の事件で注目を集めることになった同庁は1948年に設立。海難救助、海上交通の安全確保と治安維持など「海の警察」として沿岸警備を担ってきた。

同庁は、これまでに全国で21件の不審船を確認している。そのうち九管管内（新潟、富山、石川の3県）は5件だが、新潟県で拉致事件が発生した'77、'78年には確認されていない。

真角本部長は「以前は不審船対策の優先順位はあまり高くなかった。多様な業務がある中で、密漁や密輸など社会のニーズが高いものに力を入れざるを得なかった」と語る。

なぜ、'99年の能登沖の事件までの46年間、威嚇射撃が行われなかったのか。同庁の活動には警察法が準用され、目的達成には最小限の手段しか取れないという「警察比例の原則」に枠をはめられていた。

国際法に詳しい専門家は「工作船の多くは漁船を装っており、漁船に対して武器を使用すれば行き過ぎになってしまうからだ」と説明する。

'99年当時の九管本部長、岩男登氏は「武器を使うことへの社会の抵抗感、世論の関心の低さなどから撃ちにくい雰囲気があった」と打ち明ける。

こうした法律不備や、武器使用への抵抗感に加え、'97年2月、横田めぐみさんの拉致が表面化する以前は、不審船への攻撃が、外交問題に発展しかねない政治状況もあり、海保、警察も強硬手段には及び腰だった背景もある。

拉致事件や不審船に対する社会の関心が高まり、九管は現在、不審船対策を最重要課題に挙げ、パトロールや情報収集に力を入れている。

奄美大島沖の事件では工作船がロケットランチャーや爆発物などを搭載していたことが判明し、同庁では工作船の武器より射程の長い機関砲を備えた巡視船を建造中だ。

奄美大島沖の事件以降、国内では「より強力な火器の装備を」「撃沈できないのか」との強硬論も上がっている。これに対し、専門家は「国際法では停船させるため、人に危害を与えないようエンジンルームなどを狙った船体射撃までしかできない。それが不審船対策の限界だ」と指摘する。

海上自衛隊も'99年当時の不審船対策は不十分だったとして、不審船に対応できる武器を装備し、同庁との合同訓練を実施するなど強化を図っている。ただ、自衛隊の出動は同庁で手に負えない場合の海上警備行動に限られる。

安全保障問題に詳しい桜美林大国際学部の加藤朗教授は「軍事力である自衛隊が不審船への対応に当たれば外交に直結する。可能な限り海保が解決すべきだ」と述べた。

新潟県警関係者のごく一部しか知らない「不審船」の目撃情報がある。

1979年のある夜、柏崎市西部の海岸。警察庁の施設が不審な電波をキャッチ、確度が高いので同庁担当者が電波傍受車で応援にきた。「近いですね」。現場に緊張感が走った。捜査関係者は「暗闇の中に船の光を見た」と証言する。

翌朝、漁船の記録を調べたが、該当する船はなかった。情報を総合すると、北朝鮮工作員が脱出した可能性が高かった。だが、県警内部では「よくわからないから、(不審船は)なかったことになった」という。

近くの海岸では'73年冬にも、茨城県の在日本大韓民国民団幹部が北朝鮮に出国、ここから帰国したと別件で逮捕された際、警察当局に供述している。

県内では柏崎のほか、村上、糸魚川、佐渡の海岸が北朝鮮工作員の潜入・脱出ポイントとされる。'88年、当時の水田竜二・新潟県警警備部長は「本県で二十数件を把握している」と県議会で答弁したが、これらは「氷山の一角」(県警捜査員)とみられている。

多くの不審船を見逃してきた原因の一つに、海保との連携不足が挙げられる。元捜査員は「海保は見て見ぬふりをしていた。警察は工作員が上陸しないと仕事にならないから、先に不審船をキャッチしても海保に通報しなかった。互いに縄張り意識があった」と指摘した。

## 6　なぜ新潟に万景峰号が……

北朝鮮が拉致問題を認めた2002年9月の日朝首脳会談以降、全国注視となった北朝鮮の貨客船「万景峰号」。「なぜ万景峰号が、拉致が多発した新潟と国交のない北朝鮮を往来しているのか」――。日朝間唯一の航路として今も残るのは、9万人以上の在日朝鮮人と日本人配偶者を送り出した帰還事業という歴史が背景にあるからだ。帰国者の北朝鮮での現実はどうだったのか。万景峰号を想定した「特定船舶入港禁止特措法」とはどんな法律なのか。

「何もかも、だまされた」。帰還事業で北朝鮮へ渡り、その後脱北して日本へ戻った在日朝鮮人の朴秀一《パク・スイル》さん（仮名）は、絞り出すように記憶を語り始めた。

拉致問題がクローズアップされるとともに全国から注視されるようになった万景峰号。そのルーツは1959年に始まった帰還事業にある。

在日の大半は韓国側の出身。だが日本での生活苦や差別で、多くの在日が、出身地とは関係なく、北朝鮮系の在日本朝鮮人総連合会（総連）などが宣伝した「地上の楽園」を信じて帰国した。が、現実は正反対だった。'60年代初頭に帰国した兄から手紙が届いた新潟県内在住の在日男性は「祖国礼賛の文面の最後に、数行だけ生活物資の無心が書き添えてあった」と語る。在日社会で「北での生活は想像以上に厳しい」とのささやきが広がり、'61年以降の帰国者は激減。'67年に事業はいったん中止された。

しかし総連は帰国事業の再開を求めた。北朝鮮と総連にとっては、帰国そのものより「往来存続」が重要だったためだ。総連の元幹部は「日本からの現金持ち込みや、船内で直接本国からの指令を出せるなどのメリットがあった」とする。

再開を認めさせるために帰国希望者の数を増やさなければならず、総連は勧誘に力を入れた。特に若い世代が狙われた。運動の結果、'71年に帰還事業は再開される。

'70年代初頭、当時中学生の朴さんは新潟から初代万景峰号に乗った。日本で大学進学できなかった姉が「祖国は、向学心さえあれば誰でも学べる」と帰国を強く望んだため一緒に帰ったのだ。

だが現地では自由はなかった。出身成分と年齢を理由に姉は労働者になるよう命じられた。数年後、上司の不正を批判した姉は「精神を病んだ」と断じられて「病院」送りに。後に「病死」と朴さんに伝えられた。

「資本主義を知っている帰国者は警戒される対象で『帰胞』と差別された。密告社会で、人間不信になる人も多かった」

将来の出世は見込めず、現地に親族や知人がいない帰国者たち。「日本からの仕送りに期待せざるを得なかった」と脱北者たちは口をそろえる。

'90年代半ばになると、不況の影響で日本の親族からの仕送りは途絶えがちになった。食糧難で配給はストップし、朴さんの住む地域でも餓死者が相次いだ。家畜の餌まで食べ尽くし、「このままでは一家全滅だ」と脱北を決意。数年前、中国経由で日本にたどり着いた。


帰還事業で約9万3000人を送り出し、拉致が多発した新潟。今、日朝間の象徴的存在に映る万景峰号の入港に対する風当たりは小さくない。

「総連が『人道航路』と主張するならば、日本からの一方通行ではなく、帰国者や拉致被害者も乗せてくるべきだ」「不正と疑惑にまみれた船はいらない」


在日や帰国者は、この船に割り切れない思いを抱えている。

'70年代に帰国し、数年前に脱北した女性は「郵送では、途中で抜かれるので中身はほとんど届かない。元山港へ行き、親戚から手渡しで荷物をもらった。地獄に仏だった」と回想する。「乗りたくて乗っているわけではない」と在日一世の男性はこぼす。

'92年に2代目となった万景峰号。今も親族訪問者と多くの愛憎を詰め込んで、日朝間を往来し続ける。


朴さんは日本に戻り、初めて拉致問題の存在を知った。海を隔てて家族が引き裂かれたこと、国家から見捨てられ長年放置されてきたこと。「帰国者と同じではないか」。被害者とその家族の境遇に通じるものを感じ、涙した。

帰還事業で帰国した叔父がいた辛淑玉《シン・スゴ》・明治大学特別招聘教授は問いかける。

「拉致被害者、帰国者、在日、北朝鮮の民衆。すべて国家や体制に翻弄《ほんろう》された犠牲者だ。右とか左とかで色分けせず、人権問題の観点で、ともに知恵を絞っていくことはできないだろうか」

2004年6月に成立した特定船舶入港禁止特措法。改正外為法に続く「制裁カード」の第二弾だ。この法律は、国の平和と安全に必要と認めた場合、特定の国籍の船やその国に寄港した船の入港を制限できるものだ。日朝間の象徴的存在、貨客船「万景峰号」も視野に入れている。この法律のポイントは、日本独自の判断で、制裁が可能になった点にある。

北朝鮮を念頭に置いた経済制裁法の整備を求める意見は、1998年に弾道ミサイル「テポドン」が日本列島を越えて三陸沖に着弾したときにも出た。当時は自民党の一部若手が訴えたが、党部会レベルでも論議の対象とされなかった。

ずっと現実味を帯びなかった制裁論議。流れを変えたのは「拉致に尽きる」と関係者の一人はいう。'02年末から議員立法の動きは本格化し、'03年11月の総選挙前に実施された全候補アンケートでは、当選者の約4分の3が「入港禁止法成立に賛成」と回答した。「与野党とも成立に反対できないムードになった」（拉致議連メンバー）。

ただ、政府や与党の中に慎重意見は少なくなかった。「港はオープンであることが原則」「日本単独での制裁では実効性がない」「経済制裁は軍事行動の前段階。慎重であるべきだ」などだ。

同法について重村智計・早稲田大学教授は「いつでも制裁が可能だという国のメッセージとして意義がある」と指摘する。

同法が成立する前の5月、再訪朝した小泉純一郎首相は、金正日総書記に対して「平壌宣言を順守する限り発動しない」と明言した。この発言を重村教授は「制裁カードは『発動するぞ』とじらしているときが最も効果が高い。実質的に骨抜きにされた」とみる。これまで政府は「対話と圧力」方針を掲げていた。それだけに家族は「圧力を外し、どう解決を目指すのか」という疑問を募らせる。家族が期限を切って発動することを求めているのも「高齢で時間がない」焦りのあらわれでもある。

「コリア・レポート」の辺真一編集長は「家族は制裁発動自体が目的ではなく、被害者救出が目的だ。発動しないならば、政府はその理由と解決への指針を説明する責任があるのではないか」と激しい口調で語った。

# 第12章　家族　それぞれの闘い

## 1　うれしい誤算

2004年6月初め、柏崎市の蓮池薫さんの実家のテニスコートでは、親と子、祖父の3世代がダブルスを組み、ボールの打ち合いを楽しんだ。

薫さんと長女・重代さん、長男・克也さんと父・秀量さんのペア。テニスが得意な秀量さんが先生役で、孫2人にラケットの握り方や打ち方を教えた。

「いやあ疲れた。ついていけないよ」。しばらく続けた後、秀量さんが音を上げると、2人の孫は残念そうに、いたわるように祖父を見つめた。そんな3人の姿を温かく見守る薫さん。妻・祐木子さんは、家で食事の準備をしていた。

「しげちゃん、かっちゃん」。蓮池家に明るい声が響く。薫さん夫妻が拉致され、帰国をはたすまでの24年間と、子どもを待ち続けた1年7ヵ月。長い別離の間、家族から消え去っていた団欒《だんらん》の光景が今、ようやく戻ってきた。

重代さんと克也さんの帰国直前、薫さんは兄・透さんに、「日本で暮らすことを説得するには、最長で3ヵ月かかる」と漏らしていた。離れていた期間、北朝鮮の国家思想の影響が強まり、親を非難する気持ちを抱いているのではないか。拉致の事実を受け入れてくれるか――。最悪のケースが、頭の中を駆けめぐっているようにみえたという。

心配は杞憂《きゆう》に終わった。「2週間旅行して、すぐに帰ってくると思っていたのに」。2人は両親と離れていた寂しさをこう訴えたが、再会の喜びや親子の絆《きずな》が勝った。友人との別離を悲しんだり、大学の勉強中断を悔やんだりすることはあるが、北朝鮮を擁護するような発言は「皆無に等しい」（薫さん）。

帰国から1ヵ月もたたないのに2人は日本語習得のため、見学を兼ねて大学に通い始めた。薫さんは「日本での定住を前提としたものだ」ととらえ、透さんには「うれしい誤算だった」と、明るい表情で語った。

子どもたちの視野を広げようと、夫妻は東北地方への2泊3日の旅行など、積極的に外出するようになった。祐木子さんは「北朝鮮では父親が車を運転して、家族で旅行すること自体考えられない。うれしそうだった」と振り返った。

姉と弟は移動の自由に加えて、山や湖など自然の美しさにも感動。一緒に行った秀量さんは「薫の通訳によると『素晴らしい』と何度も朝鮮語で喜んでいたようだ」と、無邪気な孫の様子を思い出し目を細めた。

「北朝鮮では、（在日朝鮮人という設定で）成り立ちから何から、うそで固められた身分だった」と薫さんは語った。しかし、もう、そうではない。「薫たちも私たちも、やっと本来の家族の姿に戻ったんじゃないか」。秀量さんはしみじみとつぶやいた。

薫さんは「他の被害者のご家族全員も、当然こうなるべきなんだ」と、拉致問題解決への思いを強めている。最近、薫さんは、透さんに口癖のように言う。「おれ、自立したいんだよ」。

自分に何ができるのか。家族をどうやって養っていこうか——。子どもを日本になじませることを最優先に据えながらも、薫さんは家族の今後の生活について、深く考えている様子だ。

国家間の荒波に翻弄《ほんろう》され、傷つけられた年月を超えて、家族は、今、新たな一歩を踏み出した。

## 2 「ややこしい人生」

5月22日、北朝鮮・平壌《ピョンヤン》郊外の大同江《テドンガン》迎賓館。曽我ひとみさんの夫・ジェンキンスさんと長女・美花さん、二女・ブリンダさんが、日朝首脳会談を終えたばかりの小泉純一郎首相と面会した。

「感じが変わりましたよね」と首相が差し出した妻の写真に、「そうですね」とうなずく夫。母の手紙を読んだ美花さんは、涙が止まらなかった。ブリンダさんは初めて見た祖父・茂さんの写真に目を潤ませた。

しかし、首相の帰国・来日要請に、ジェンキンスさんは首を縦に振らなかった。元米兵の夫は、米国から脱走罪で訴追される可能性がある。娘たちは訴えた。「お母さんに会いたいが、ここへ戻ってきてほしい」。

拉致被害者5人は東京都内のホテルで、政府から会談結果を聞いた。待ち続けた家族との再会が1人だけ実現せず、涙を流したひとみさん。別室で中山恭子内閣官房参与と話し合い、「私って、何てややこしい人生になってしまったんでしょうね」と、つぶやいた。

一日も早く会いたい気持ちと、3人に帰国・来日を説得できるかという不安が、ひとみさんの胸でシーソーのように揺れている。関係者は「今は両方のバランスを取りながら頑張っている」と気遣った。

「私が話をしても（説得は）難しいかもしれないよ。夫は頑固だしな」。ひとみさんがふと周囲に漏らした。帰国してから1年8ヵ月、3人で暮らした家族が自分のことをどう思っているのか、気がかりだった。

ただ、娘たちには日本から拉致されてきたことを打ち明け、理解してもらっている自信もある。美花さんは以前、母を思いやり、こう言った。

「おばあちゃん（ミヨシさん）に会いに行きたいなら、私が万景峰号《マンギョンボン》に乗って連れて行ってあげる。お母さんはトランクの中に隠れていて」

美花さんは、在日朝鮮人の友だちとも文通しているから、日本の事情をわかってくれているはずだ。

「日本以外なら、俺はどうにもならん。近くにいてほしい。今度一人になったら誰も信じる人がいない」。茂さんも、ひとみさんに家族と日本で暮らしてほしいと願っていた。

ひとみさんは6月15日、手記を発表した。政府の背中を押すように、ブリンダさんの19歳の誕生日を一緒に祝いたいと、7月23日を再会実現の目標に設定した。「いつでも、どこでも4人一緒に暮らしたい」と訴えた。

蓮池さん、地村さん夫妻は子どもたちが帰国、ひとみさん自身も再会の道筋がついたことで強い決心がうかがえた。「一人で頑張らなきゃ」。そんな気丈なひとみさんを、佐渡の救う会事務局長、臼水優さんは「私たちも力になりたい。もう少し頼ってくれたらいいのに」ともどかしそうに見つめていた。

ひとみさんにとって再会は、3人の説得より、もっと大切な意味がある。再び「一つの家族」になることだという。関係者は「再会と永住は別問題。とにかく会って、それから4人で相談して決めればいい」と温かく見守っていた。

ひとみさん宅の玄関に、家族の帰国を願うカエルの置物が四つ並んでいる。一つだけ色違いのカエルがジェンキンスさんのようだ。ひとみさんは募る思いを秘めながら、「その日」を待っていた。

## 3　夢枕のめぐみ

「ついこの間まで、めぐみが、大事そうにほおずりしていた気がするのに」。2004年6月中旬、横田めぐみさんの母・早紀江さんは、川崎市の自宅の押し入れの奥から久しぶりに出した少女人形を見つめてつぶやいた。

1976年に横田さん一家が新潟に転勤する前、広島の友人が「ヨコ（めぐみさんの愛称）、大事にしてね」とくれた人形だ。

茶色の帽子をめくると、鮮やかなだいだい色。表はくすんでいるのに。「いつの間にかこんなに変わっていたの」。めぐみさんが拉致されて26年。なお解決できない「時間の重み」を早紀江さんはあらためて実感した。

小泉純一郎首相の再訪朝決定が報じられた5月14日。父・滋さんは、期待と不安が交錯した。トップが何度も行くわけにはいかない。「よほど自信があるのだろうか」。

早紀江さんも動揺を静めるのに必死だった。過度な期待はせず、「中くらいの気持ちでいよう」と自身に言い聞かせた。

再訪朝の数日前、めぐみさんの夢を見た。場面は京都の早紀江さんの実家。がらりと玄関を開けて「ただいま」とめぐみさんが入る。声をかけると「元気、元気」と明るい返事。行水を手伝うと、背中にはたくさんのかさぶたがあった。孫娘キム・ヘギョンさんらしき子どもが四つんばいで、こちらを向いている。

「不思議な夢。ひょっとしたらめぐみが、ヘギョンちゃんを連れて帰ってくる。やはり、期待が大きくなっていたのでしょうか」

22日、期待はもろくも崩れ去った。「最強カード」の首相再訪朝なのに、安否不明者の具体的情報はゼロ。温厚な滋さんも会見で「最悪の結果」と悔しさをにじませた。

早紀江さんは、結果より、会談がわずか1時間半で終わったことに呆然とした。「どれだけ本気になって『返せ』という家族の思いを伝えてくれたのか」。

翌23日、横田夫妻は、新潟市で開かれた「拉致・北朝鮮を考える県民シンポジウム」で講演した。会場では大きな拍手に包まれた。滋さんはいう。「落胆の中、ずいぶん励まされる思いがした」。だが深夜、再び落胆した。自宅に戻るとファクスが何通も届いていた。

「首相へのねぎらいがない」「感謝しろ」

首相批判に対する非難だった。匿名で文体は似ていた。他の家族にも同様の中傷が相次いだ。

「何か意図的なものだろうか」。滋さんは疑念を募らせた。

早紀江さんはショックで数日間、思うように声が出なくなった。「いつまで生きられるかわからない。時間切れになることを望む大きな力が働いているのでしょうか」。

6月24日、都内のチャペルで開かれた「祈りの会」。新潟時代からの早紀江さんの友人・真保節子さんは、被害者の早期救出と同時に「家族が先に倒れないように」と祈った。携帯電話から時々「疲れた」という早紀江さんの声が漏れる。早紀江さんの弱音が増えたことが気がかりだった。

それでも夫妻は連日、全国を飛び回る。滋さんは「世論の関心がなくなれば終わってしまう。続けるほかないんです」と語る。

失意の早紀江さんも同じ気持ちだ。「試練かもしれないが、めぐみの方はもっともっとつらい思いをしているに違いない。今も日本の方角の空を見つめて泣いているかもしれない。私たちは救い出します。最後まで、あきらめません」。

「きっと帰ってくる」。横田めぐみさんの生還を信じ、祈りを捧げる母・早紀江さん（2003年11月13日、都内のチャペル）

# あとがき

「新潟市で行方不明になった横田めぐみさん＝当時中学1年生（13歳）＝の捜査は今、どうなっているのですか」。1990年11月、三条市の小学4年生の少女（当時9歳）が学校帰りに行方不明になった事件の直後だった。新潟県警本部長と司法記者クラブの定例会見の席上、当社の新人記者が、刑事部長に対し質問した。「まだ、他にも不明の少女がいるのか？」。新潟県外出身の在京紙の記者たちが、色めき立ったことが脳裏に焼きついている。

記者の質問に、刑事部長は「鋭意、捜査中です」と若い記者を諌《いさ》めるような紋切り型の答弁で一笑に付した。会見に出ていた私も「そういえば、そんな不明事案もあったな」程度の認識でしかなかった。13年も前のめぐみさん事件と、三条市の女児不明事件を結びつけて考えることに強い違和感を持った。今にして思えば、自戒の念でいっぱいだが、当時、めぐみさん事件は、地元でも既に風化し始めていた。

三条市で行方不明になった少女は2000年1月、保護されたが、9年2ヵ月に及ぶ、日本の犯罪史上、前例のない長期監禁事件として世間の注目を集めることになる。新潟少女監禁事件の報道を見ためぐみさんの母・早紀江さんは、「同じ新潟だし、めぐみちゃんも関係しているのでは」と望みを託したという。

何の接点もない二つの事件だが、報道部遊軍時代に、被害者保護当夜の麻雀接待や虚偽会見などで新潟県警本部長が引責辞任に追い込まれた少女監禁事件を取材し、今回の企画「拉致・北朝鮮」で、めぐみさん事件にもかかわったことは、何か因縁めいたものを感じている。

小泉純一郎首相が再訪朝し、蓮池薫さん、福井県の地村保志さんの子どもたちが帰国した翌日の今年5月23日、新潟市で約1500人が参加した「拉致・北朝鮮を考える県民シンポジウム」(新潟日報社主催)で早紀江さんが訴えた。「拉致疑惑という疑惑の二文字があったころ、東京・銀座で街頭署名を始めた。豊かな日本の中心で、こんなに多くの人がいるのに誰一人立ち止まってくれなかった。めぐみは生きています。北朝鮮のどこかで助け出してくれるのを待っているのです。必ず救出します」。気丈な母の姿があった。

昨年9月8日。残暑がきつい午後だった。北朝鮮による拉致事件の長期連載取材を始めるに当たり、企画の狙いを説明するため、新潟県柏崎市の拉致被害者・蓮池薫さんの実家に両親を訪ねた。前年に24年ぶりの帰国をはたした薫さん。父・秀量さん、母・ハツイさんにその四半世紀をどのように過ごしてきたか、尋ねたときだった。

父は語った。「音信不通の24年間。心の中では、ともすれば覚悟しなければと思ったこともあった。死亡と言われたとき、心の奥底で覚悟していた」。隣の母が割って入った。「私は息子が絶対に生きている、と信じてきた。どんなことがあっても生きている。人間は百まで生きられる。親が信じないで誰が信じてやるのですか」。ここにも母の強い愛があった。

2002年9月17日、小泉首相初訪朝で北朝鮮の金正日《キム・ジョンイル》総書記が、拉致を認めた日朝首相会談を境に「疑惑」は「事件」になった。同年10月15日、蓮池夫妻、地村夫妻、佐渡市の曽我ひとみさんの拉致被害者5人が帰国した。

日朝首脳会談から1年余り。新潟日報社は、被害者が家族の絆《きずな》を取り戻しつつも拉致問題の進展がない中、「日本海を平和と友好の海」にするための長期キャンペーン企画「拉致・北朝鮮」を昨年11月の「めぐみさん」シリーズを皮切りにスタート。拉致事件の悲惨さを家族や友人の証言で訴える「証言編」、背景を分析する「検証編」の二本立てで、事件の早期解決と真相究明を目指し、県民世論の喚起を狙った。

第1章は、めぐみさんが26年前に新潟市で拉致された悪夢の日、「11月15日」の朝刊から始めた。新聞連載時は第一部を「めぐみはどこへ」というタイトルで、失踪《しっそう》から北朝鮮による拉致事件発覚までの両親の苦悩を展開。第二部とした「めぐみを返して」では事件判明から全国行脚を続ける両親の姿、日朝首脳会談で拉致を認めた北朝鮮から「死亡宣告」されても、娘の生存を信じ、立ち上がる両親の闘いを克明に追った。

「息子よ娘よ」では、帰国した蓮池薫さん、祐木子さん夫妻が、北朝鮮に残してきた2人の子どもと離れ離れで生きる苦悩、日朝首脳会談で拉致事件とわかるまで必死の捜索活動を続けた両親の姿、そして薫さん夫妻が日本永住を決意し子どもの帰国を耐えて待つ日々を追った。「蓮池さんシリーズ」では、被害者本人が帰国しているのに直接取材が会見以外できないなか、両親や家族の証言を積み重ねて核心に迫った。

検証編では、蓮池事件発生から10年後の'88年、柏崎市の男女（蓮池さん夫妻）行方不明事件が新潟県議会で取り上げられ、県警警備部長が「北朝鮮の工作員による拉致とみている」と答弁したが、社会党議員が猛反発。部長答弁から「北の犯行」が事実上削除され、〝幻の答弁〟になった当時の政治情勢を含む時代背景を探った。

「山も川も温かく」では、北朝鮮に夫と娘2人を残して佐渡に単身帰国した曽我ひとみさんの孤独、そして家族との再会を待つ母の胸中を友人らの証言を積み重ね、ひとみさんの心のひだに迫った。「生きていれば……」では、福井の地村さん事件の現場も訪ね検証した。「今も待っている」では金賢姫《キム・ヒョンヒ》の教育係をさせられた田口八重子さんら県外安否不明者を取り上げ、苦悩する家族を描いた。

「きっと会える」では、拉致の疑いが濃厚な新潟県内関係特定失踪者の事件を取り上げた。事件全体の検証編では、個別事件だけでなく、過去の日朝関係にもメスを入れながら、「なぜ政治は解決できなかったか」「なぜ海保、警察は不審船を止められなかったか」「なぜ新潟に万景峰号《マンギョンボン》が……」などをテーマに展開。元県警幹部らを「夜討ち朝駆け」し、証言を引き出していった。

戦後も脈々と続いた新潟と北朝鮮の「友好親善のパイプ」が、拉致問題で悪化することを恐れ、機能しなかった。拉致問題追及に及び腰の政治家。陸（警察）と海（海保）の「縄張り意識」が強く、当局が不審船を見て見ぬふりする姿をも浮き彫りにした。

新聞では1―6章8部構成で連載82回、主な特集5回を展開したが、シリーズ全体を通して、取材班は事件のむごさを伝える「証言の重さ」を前に言葉を失った。どんな修飾語も「事件の重さ」の前に無力で陳腐だった。

この連載は望外にも伝統と権威ある日本新聞協会の平成16年度・新聞協会賞（編集部門）を受賞した。その選考過程で「被害者や家族の証言がほとんど取れないなか、よくぞここまで証言を引き出した」と、評価を頂いた。取材陣の苦労が報われた講評だった。

連載では毎回、意見・感想を募集。解決の道を県民・読者と探り、痛みを共有した。開始と同時に、中高生からお年寄りまで広範な年齢層から、メール、ファクス、手紙が殺到し、大きな手応えを感じた。

シリーズは、活字離れの若者の心に訴えた。「いつも新聞なんて読まない私が、『息子よ娘よ』という言葉にひかれ、思わず読んでしまいました。読み終わらないうちに涙が出てきて文字がゆがむほどでした。拉致という問題さえ知らなかった私は、一昨年の帰国の放送を見て、母と涙を流すばかりでした。一刻も早く薫さん夫妻の長男、長女の帰国を願うばかりです」（高1女子）。

母の立場の意見も目立った。「毎日、読んでいます。涙が止まりません。北朝鮮は拉致をした、と言いながら、返さないのは認めていないのと同じです」（3児の母）。

膠着《こうちゃく》状態の日朝関係に苛立《いらだ》ち、何か役に立ちたいとの思いを伝える声も多かった。「5人が帰国し、一気に解決するのでは、と思われましたが、何の進展もなく、今度は帰国した被害者が、親御さんたちが味わった、つらく苦しい時間を過ごすことになるのではないかと危惧《きぐ》しております。何をすればいいいか。教えて下さい」。

　取材班への期待と激励も連日届いた。「子どもたちや、めぐみさんたちが帰国するまではこの拉致という事件を風化させては絶対いけません。全面解決まで連載は続けてください。一人の日本人としてお願い致します」「特集で、どれほど多くの人があらためて事件を振り返ったか。家族の苦悩、拉致被害者となった蓮池夫妻の計り知れない絶望感の中での生活。同じ新潟に住んでいながら初めて知る事ばかりでした。持てる時間のすべてを連載に注ぎ込んでおられる記者の方々の記事を全国の人に教えてあげたい」とエールが送られた。

「新潟日報が拉致の国際犯罪に毅然《きぜん》と立ち上がったことに、勇気と地方紙としての誇りを感じます」「この連載が、北朝鮮への大きな揺さぶりになるに違いない」との反響もあった。「事件を風化させないで」という読者の熱い期待感が、取材陣の心を奮い立たせ、県民シンポジウム開催につながる土台作りとなっていった。

　一方で「反北朝鮮の連載は即刻中止しろ」「日本は戦前、多くの朝鮮人を強制連行した。その国家賠償もしないで一方的に責めている」「今まで何もしなかった贖罪《しよくざい》で、拉致報道をやっているのか」といった在日朝鮮人からの抗議に近い厳しい意見があった。在日の女性（30代）からは、「小泉首相が訪朝し、北朝鮮が自分たちの拉致を認めた。北朝鮮が両国の国交・交流を再開したいということだ。この視点に21世紀になった報道機関は目を向けてほしい。もっと在日の声も取り上げてほしい」との前向きな意見もあった。

拉致問題を語るとき、過去の歴史の検証が求められる。日朝間唯一の航路として北朝鮮の貨客船「万景峰号」が今も残る背景には、9万人以上の在日朝鮮人と日本人配偶者を送り出した帰還事業の歴史があった。検証編では、脱北者の想像を絶する飢餓生活、帰国者家族と引き裂かれた在日家族の苦境を伝えた。

感情的な反北朝鮮キャンペーンに陥らないように、「在日、北朝鮮民衆すべてが、金総書記の独裁体制の犠牲者」との視点を基本に捉えた。特に、在日と被害者が敵対するような状況を回避するために、'83年、欧州から拉致された有本恵子さんの両親と在日との交流も取り上げた。在日一世の言葉が重かった。「有本さんの力になろう。許せないのは北の現体制で、一般の民衆や、在日までは嫌わないでほしい」。恵子さんの母も在日の集会で訴えた。「帰還事業で北朝鮮へ戻り、音信が途絶えた家族を待つ在日の思いは、私たち拉致被害者と同じです」。

「拉致」連載の進展に伴って、「拉致事件を風化させてはならない」「被害者家族を一刻も早く帰国させよ」との県内世論が喚起されたことが、5月22日の首相再訪朝による蓮池さん、地村さんの子ども5人の帰国につながったと確信している。新聞協会賞の受賞理由で「あらためて事件の非情さを認識させ、政府の対応を促したキャンペーン」と高く評価されたことは、「キャンペーンがなかったら、小泉首相が再訪朝に動いたかどうか」と講評された企画の成果だった。

「参院選投票日前の曽我さん一家帰国」を狙ったとされる日朝首脳会談から1ヵ月半後の7月9日、曽我さんと家族との1年9ヵ月ぶりの再会がインドネシアの首都ジャカルタで実現した。

タラップから降りてくる夫ジェンキンスさんとの抱擁。「二度と離れない」と家族が絆を確かめるかのような再会シーンに胸が熱くなった。18日には再会を果たした曽我さん一家4人が帰国した。

新潟日報のキャンペーン報道を熊本日日新聞が、今年2月19日付・社会面トップで異例の転載に踏み切り、「拉致を風化させない」動きが全国に広がっていった。スタート時に熊本日日新聞は「他紙の企画を転載するのは極めて異例ですが、問題解決を願い、事件をあらためて読者とともに考えていこうとの思いからです」とのお知らせを掲載した。少々、大げさかもしれないが、地方発の小さな波紋が、次第に大きな波になり、池の中心の首相官邸や霞が関を包囲し、動かしたのである。

ジェンキンスさんの訴追問題では、日本政府は身柄拘束を避けるため、米側に人道的配慮を求め、ジェンキンスさんが在日米軍司令部のあるキャンプ座間（神奈川県）に任意出頭し、罪の一部を認める代わりに、刑を軽減する「司法取引」に応じる形で、早期決着を目指している。曽我さん、蓮池さん、そして地村さんの子どもたちも日本社会に順応するため日本語や生活習慣を学びながら、着実に生活の足場固めを進めている。

ただ、拉致問題は、めぐみさんら10人の安否不明者、拉致の可能性を排除できない特定失踪者約400人の問題など課題が山積している。新潟日報は、新聞協会賞受賞を契機に、そして「自分の身を置き換えて」という早紀江さんら母の「祈り」を胸に、全面解決まで拉致問題の検証・

追及をやめない。

この連載は、昨年11月15日から今年6月28日まで新潟日報に掲載された。取材班は大塚清一郎（報道部）をキャップに、証言編を原崇（東京支社）、検証編を後藤貴宏（報道部）が主軸になって担当、荒木崇（報道部）、昆野伸司、横山志保（長岡支社）、石田篤志、横山よしこ（上越支社）、本多茜（柏崎支局）、二瓶真奈美、堀内節子（佐渡支局）、写真デスク八鳥富士夫、佐藤尚（写真部）と私が担当した。私を除くと平均28歳の若い記者たちが、精力的に取材を重ねた。被害者家族の証言を求め全国へ、韓国の被害者の声を求め海外へ飛んだ。佐渡の海岸では岩場を登り、洞窟に入り、工作員の痕跡を探った。

北朝鮮問題の第一人者、伊豆見元・静岡県立大学教授を新潟日報・特別編集委員に招き、随時、検証・分析して頂いた。出版にあたり、お世話になった講談社の小野祐二さん、取材に快く応じ、連載を温かく見守ってくれた多くの方々にあらためてお礼を言いたい。本書の印税の一部は、全面解決への一助として、家族会（横田滋代表）に寄付することにしました。

２００４年10月

新潟日報社「拉致・北朝鮮」取材班代表
編集局報道部長代理兼編集委員
高橋　正秀

# 復刻に寄せて(1)

東京国際大学教授　伊豆見　元

本書は2003年11月から翌年6月まで新潟日報紙面で連載された北朝鮮による拉致問題の記事をとりまとめて出版された書籍の復刻版である。

2003年の秋に新潟日報社から声が掛かり、特別編集委員という形で報道に加わった。新潟日報は拉致問題を取り上げ、解決の道を探る、横田めぐみさんら拉致被害者を救出する、そこに資する報道をすると聞き、社として相当強い決意だと感じ、喜んで就任したことを思い出す。

一連の報道は2004年度の日本新聞協会賞を受賞した。証言編と検証編とで事件を丹念に掘り起こし、解決には何が必要かを探るという手法が高い評価を受けたと聞いている。講談社から出版され、地方紙でありながら県民読者にとどまらず、全国に発信できたインパクトは大きかった。

絶版となっていたが、このたびの新潟日報事業社からの再刊は、改めて拉致問題の原点を認識し、理解を深め、風化を防ぐ意味から喜ばしい。

講談社版が出版されたのは2004年の秋だ。

小泉純一郎首相（当時）が2002年9月に訪朝し、拉致被害者の蓮池薫・祐木子夫妻、地村保志・富貴恵夫妻、曽我ひとみさんの5人が帰国した。

2004年5月には小泉再訪朝によって、蓮池夫妻、地村夫妻の子どもたちが帰国し、7月には曽我さんの夫ジェンキンスさん、娘2人が日本に来た。まさに拉致問題が劇的に動いた時期だった。それから2017年の秋で13年が経つ。

めぐみさんら拉致被害者が日本に戻るという点においては13年間、拉致問題はまったく進展がない。

この間、日本政府は相当な努力を払ってきた。北朝鮮の対応が変わるように圧力を掛けてきた。安倍晋三首相の言葉を借りれば、拉致被害者を帰さないと北朝鮮の将来はないと思わせるように圧力を掛け続けてきたのである。

しかし、残念ながら、被害者が誰も帰ってこないのが現実だ。この13年が示しているのは圧力だけでは北朝鮮に拉致問題の対応を変えさせるのはできないということである。

以前から申し上げてきたが、拉致問題の解決のためには、圧力だけでなく交渉も進めなければならない。交渉はギブアンドテイクだ。北朝鮮にとってもいい話がないと結果は得られない。それは心情的にすっきりしない点もあるが、最近は拉致被害者の家族会、救う会もこうした考え方に理解を示している。日本政府は、圧力だけでなく、交渉も進めるという新たなアプローチを推進する時期に来ていることは間違いない。

もう一つ、日本政府は、拉致問題に関して、対象とする人たちに優先順位を付けてきた。政府認定の拉致被害者17人のうち、帰国した5人を除く12人の中で、まず北朝鮮が入国の事実を認め、死亡したと主張しているめぐみさんら8人を最優先とし、次に北朝鮮が入国していないと言っている曽我ミヨシさん、松本京子さんら4人、さらには拉致された疑いのある特定失踪者という順番だ。

8人について質し、そこに進展がないと、次の人たちにはいかないというのが日本政府の一貫したアプローチだ。

これで13年、動かなかった。だからこれについても異なるアプローチをとる必要がある。すなわち、8人の方、4人の方、特定失踪者、これを全部一緒に解決を求めるというやり方だ。

ただ、そうすると、8人の方が一番後に回されるかもしれない。8人より先に4人の方や、特定失踪者の安否情報や帰国があるかもしれない。その可能性は当然ある。

そこをもう一回考えて、それでもやってみようと転換すべきではないか。確かに8人の方の進展が一番後回しにされる可能性もある。でもそこで終わらせず、決してあきらめないことだ。

8人について無回答にされることはないと明言したい。

なぜならそれでは拉致問題の解決にならないからだ。問題が解決したかどうかは日本側が決める話だ。8人に対する北朝鮮の虚偽説明をはっきりと改めない限りは拉致問題を解決したことにならないということを、北朝鮮に今一度十分に理解させる必要がある。

時間が掛かるのではという心配があるだろう。特に8人の方のご家族は高齢になられた。とはいえ、急いで結果の出る方法は見つからない。今までと同じことをやればまた進展なき13年を繰り返す恐れがあることを、われわれはよく考えるべきだ。

アプローチを変えることはすっきりしないし、苦痛も伴う。だが、少しでも、一日でも早く解決の方向へ持っていくのであれば、決断の時だ。今、その選択肢がわれわれの前にある。

# 復刻に寄せて(2)

横田　早紀江

新潟県民の本当に長い年月にわたるご厚情に心より感謝致しております。

新潟の地には複雑な感情があります。あの日本海は、申し訳ありませんが、今も大嫌いです。

ただ、苦しい日々の中、真心をもって接してくれた方が、数多くいたのもまた新潟でした。

私ども横田家が、銀行に勤めていた夫・滋の転勤で広島市から新潟市に引っ越してきたのは１９７６年の夏のことでした。家族５人で日本海の浜辺に立ちました。「瀬戸内に比べるとなんだかさみしそう」。初めて見た日本海に、そんな感想を言い合っていました。

でも実際に暮らし始めると楽しいことも多々ありました。めぐみも双子の弟の拓也、哲也も次第に学校になじみ、夫は夫で仕事や付き合いなどで忙しくも充実した毎日を送っているようでした。私も少しずつ友人が増え、「新潟は一見さみしそうだったけど、いい所ね」なんて思っていました。

そんなごく平凡な一家の暮らしが暗転したのは、'77年11月15日でした。

大規模な捜索をしても消息は分からないまま。私たち家族は浜辺を探し続けました。時に「娘を誘拐した」という悪質ないたずら電話があったり、警察から女性の遺体が見つかったとの連絡を受けては震えながら確認の再連絡を待ち、めぐみではないと分かると安堵《あんど》したり…。なぜいなくなってしまったのかすら分からない、畳をかきむしるような苦しみを抱えつつ、20年近くが流れていきました。

めぐみが失踪《しっそう》した'77年の時点では、拉致とは想像もつきませんでした。ただ新潟日報などが「13歳の少女の行方不明事件」として大々的に報じてくれました。そんな報道のおかげで「物寂しい表情の少女」の記憶が、新潟県民に強く残ったのではないでしょうか。

後年、北朝鮮による少女拉致事案の断片情報がもたらされた新潟県出身のある事情通が、新潟市でその話を周囲に打ち明けると「それはめぐみちゃんのことじゃないのか」との声が次々に上がったというのです。「行方不明」が「拉致」に結び付いた瞬間でした。

'97年にめぐみが「神隠し」ではなく北朝鮮にいることが分かった時は「生きていてくれたのねー、めぐみちゃん」と喜びのあまり背中がぞくぞくしました。

めぐみの件が実名報道され、国会でも取り上げられました。主人も私も「北朝鮮にいると分かった以上、政府がすぐに取り戻してくれる」と信じていました。

ところが、実際は違いました。国を挙げて救出に動くどころか、「拉致の証拠はない」という勢力の声が大きく、しばらくは「拉致疑惑」とされてきました。

北朝鮮に何か弱みを握られていたのかは分かりません。だが、私ども家族の訴えをせせら笑うような態度の政治家もいました。多くのマスコミも、私どもの活動に冷淡だったと感じていました。

どこか「腫れもの」扱いにされていた中で、新潟は全国で最も早く、救出のための組織を立ち上げ、私たち家族を励ましてくれました。当初から日報の若い記者さんも、私どもが新潟港で万景峰号《マンギョンボン》に拉致被害者の救出を求める声を上げる時などに駆け付けて、折々で取材して下さいました。

２００２年9月17日に北朝鮮が拉致を認めて以降、全国、世界のマスコミの方々が連日のように取材で押し寄せてきました。

ただ、政治と世論の移ろいやすさというのも嫌というほど味わいました。何かあれば寄ってきますが、そうでない時は去っていく。それはそれで仕方がない面はあるのですが、何もない時だからこそ、風化させないように声を上げてほしい、と常々思っています。

'04年に発行された「祈り」がこのたび、13年ぶりに復刻されることになりました。このことについて二つの感想があります。「喜ばしさ」と「残念さ」です。

まず「喜ばしさ」ですが、拉致のむごさと同時に、私ども家族だけでなく多くの心ある方々による救出活動の日々が「記録」としてきちんと後世に残されていくという点です。

もう一つは「残念さ」です。13年以上も前に丹念な取材によってまとめて下さった本とはいえ、今も内容を「書き直す」必要性がほとんどないということです。逆に言えば、安否不明者と特定失踪者については13年間、「進展ゼロ」だったということです。ゼロ――。このむなしさと怒りを誰にぶつけたらいいのでしょう。

めぐみと引き裂かれたことは、とてつもない悲しみでした。ただ、拉致問題を通じて、普通の人生だったらあり得ないようなさまざまなことを学ばせていただきました。

めぐみだけでなく数多くの日本人が拉致されていたこと。また、こうした事実をうすうす把握していながらも長年政治が放置してきたこと。こうした「見て見ぬふり」によって犠牲にされてきた人々の存在が、浮かび上がってきました。

さらには独裁者によって虐げられている北朝鮮の民衆、日本と朝鮮半島のはざまで翻弄《ほんろう》された在日コリアン…。全てあの国の犠牲者ではないかと考えられるようになっていきました。

めぐみの人生は日本や北朝鮮、世界にあるさまざまな「悪」を明らかにするという崇高な使命を帯びていたのではないか、とも思えるようになってきました。

もう一度、ひと目だけでもいいからめぐみに会いたい。この一念で私ども夫婦は頑張って参りました。もちろん、救出活動とはいっても私どもはごく普通の市民でして、できることは新潟をはじめ全国各地で講演の機会を設けて下さった際に、出向いて拉致のむごさを訴えることだけです。

それによって、少しでも国民の共感の輪が広がり、ひいては政府に解決を求める世論につながってくれたらという思いで精いっぱいやってきたつもりです。

しかし、13年の歳月はやはり重いです。「進展ゼロ」の間に多くの家族は一段と高齢化し、亡くなった方もおります。例えばうちの主人も、おととし頃から体調が優れず、言葉もやや不自由になっております。私も年相応にあちこちが痛み、以前のように歩いたり、遠出したりというのが難しくなってきています。

私ども夫婦もいつか天に召される日が来るでしょう。でも最後の最後まで、めぐみとの再会を果たせるものと信じています。あきらめるわけには参りません。

めぐみが日本に帰国した際に、万一、私ども夫婦の寿命が尽きていたとしても、拓也や哲也たちを通じて、この『祈り』などの記録を渡してもらい、読んでもらいたいと思っています。

「おとうさんとおかあさんは、めぐみちゃんを本当に一生懸命探していたのよ。長い間、さみしい思いをさせてごめんね」

めぐみにこう思ってもらえたら、わずかに救われる気がします。

復刻に寄せて(2)

| | |
|---|---|
| 4月29日 | 横田早紀江さんがブッシュ米大統領と面会 |
| 7月5日 | 北朝鮮がミサイルを発射し、政府が経済制裁を発動。万景峰号の新潟港入港禁止 |
| 10月9日 | 北朝鮮が初の核実験 |
| 08年8月11～13日 | 日朝実務者協議。拉致被害者の再調査結果を秋までに出すことで合意 |
| 9月4日 | 北朝鮮が再調査の見送りを通告 |
| 09年3月11日 | 金賢姫元北朝鮮工作員と拉致被害者の家族が韓国・釜山で面会 |
| 10年7月20日 | 金賢姫元北朝鮮工作員が来日、横田夫妻と面会 |
| 11年12月17日 | 北朝鮮の金正日総書記が死去。その後、三男の正恩氏が体制を継承 |
| 12年8月29～31日 | 北京で4年ぶりの日朝政府間協議 |
| 14年3月10～14日 | 横田夫妻がウンギョンさんとモンゴルで面会 |
| 4月24日 | オバマ米大統領と横田滋さんらが面会 |
| 5月26～28日 | ストックホルムで日朝政府間協議 |
| 29日 | 安倍首相が拉致被害者の再調査で北朝鮮側と合意したと発表 |
| 7月4日 | 北朝鮮が再調査のための特別委員会を設置。これを受けて日本が独自に科している経済制裁の一部解除を決定 |
| 10月27～30日 | 日本政府代表団が訪朝。特別調査委幹部は「過去の結果にこだわらず」に調査を進めると説明 |
| 15年3月31日 | 日本が北朝鮮への独自制裁の2年間延長を閣議決定 |
| 7月2日 | 北朝鮮が日本に調査報告延期を伝達 |
| 9月9日 | 北朝鮮の建国記念日。宋日昊朝日国交正常化交渉担当大使が調査報告書について「ほぼ完成した」と発言 |
| 16年1月6日 | 北朝鮮が初の水爆実験に成功したと発表 |
| 2月7日 | 北朝鮮が事実上の長距離弾道ミサイルを発射 |
| 12日 | 北朝鮮の特別調査委員会が再調査の中止と調査委解体を発表。日本の独自制裁強化を受けた措置 |
| 3月3日 | 国連安全保障理事会が北朝鮮の核実験などを非難し制裁を強化する決議を全会一致で採択 |
| 9月9日 | 北朝鮮が5回目の核実験 |
| 17年2月13日 | 金正恩・朝鮮労働党委員長の異母兄・正男氏がマレーシアで殺害される |
| 7月4日 | 北朝鮮が大陸間弾道ミサイル（ICBM）の発射に成功したと発表 |
| 8月29日 | 北朝鮮が日本上空を通過する中距離弾道ミサイルを発射 |

## 〔北朝鮮による拉致事件関連年表〕

| | |
|---|---|
| 1950年6月25日 | 朝鮮戦争始まる |
| 53年7月27日 | 朝鮮戦争の休戦協定締結 |
| 59年12月14日 | 新潟港から北朝鮮に向けて「帰還船」の第1船が出港 |
| 65年6月22日 | 日韓基本条約調印。国交正常化 |
| 77年11月15日 | 横田めぐみさんが新潟市で拉致される。当時13歳 |
| 78年7月31日 | 蓮池薫さん、祐木子さんが柏崎市で拉致される |
| 8月12日 | 曽我ひとみさんと母ミヨシさんが佐渡市で拉致される |
| 88年1月 | 大韓航空機爆破事件に関わった北朝鮮の金賢姫工作員が李恩恵（田口八重子さん）の存在に言及 |
| 90年9月 | 金丸信代表団が訪朝 |
| 91年1月30日 | 日朝国交正常化交渉始まる |
| 92年11月 | 第8回日朝国交正常化交渉。「李恩恵問題」で決裂 |
| 97年1月25日 | 新潟市で「横田めぐみさん拉致究明救出発起人会」（後の救う会）発足 |
| 2月3日 | 横田めぐみさん拉致に関する報道 |
| 3月25日 | 拉致被害者家族連絡会が発足。横田滋さんが代表に |
| 2002年9月17日 | 第1回日朝首脳会談。北朝鮮の金正日総書記が拉致を認めて謝罪。「5人生存、8人死亡」と発表 |
| 28日 | 日本政府が調査団を北朝鮮へ派遣 |
| 30日 | 日本政府の調査団がキム・ウンギョン（ヘギョン）さんと面会 |
| 10月2日 | 調査団が北朝鮮から伝えられた「死因」などを発表 |
| 10月15日 | 蓮池薫さんら拉致被害者5人が帰国。その後、日本政府が永住方針を発表 |
| 10月24日 | DNA鑑定の結果、ウンギョンさんがめぐみさんの娘であると確認 |
| 03年1月10日 | 「特定失踪者問題調査会」発足 |
| 04年5月22日 | 第2回日朝首脳会談。蓮池薫さんらの家族5人が帰国 |
| 7月9日 | 曽我ひとみさんがジャカルタで家族と再会、18日に帰国 |
| 9月11日 | 在日米軍基地「キャンプ座間」（神奈川県）に、曽我ひとみさんの夫、ジェンキンスさんが出頭（11月に米軍法会議で禁錮30日と不名誉除隊実刑判決） |
| 12月8日 | 北朝鮮がめぐみさんの「遺骨」として渡した骨がDNA鑑定で別人のものと判明 |
| 06年4月11日 | めぐみさんの夫とされる男性が韓国の拉致被害者、金英男さんであることが日本政府のDNA鑑定で判明 |

〈おことわり〉

　本書は2004（平成16）年10月に講談社から発行された同名書籍を復刻したものです。

　登場人物の名前の読み方や肩書、住所表記などは発行当時のまま掲載しています。あらかじめご了承ください。

祈《いの》り　北朝鮮《きたちようせん》・拉致《らち》の真相《しんそう》　復刻版《ふつこくばん》

2017（平成29）年11月15日　初版第1刷発行
著　者　　新潟日報社特別取材班
発行者　　鈴木聖二
発行所　　株式会社 新潟日報事業社
〒950-8546　新潟市中央区万代3-1-1
メディアシップ14階
TEL 025-383-8020　FAX 025-383-8028
http://www.nnj-net.co.jp
印　刷　　株式会社 ウィザップ


定価はカバーに表示してあります。

落丁・乱丁本はお取り替えいたします。

ISBN978-4-86132-668-4